A TRAVERS LES GROUINS

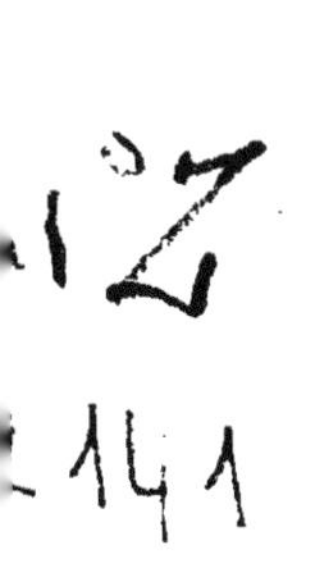

EN PRÉPARATION :

IMBÉCILES ET GREDINS

DIJON. — IMPRIMERIE DARANTIERE

LAURENT TAILHADE

A Travers les Grouins

Frontispice de LÉANDRE

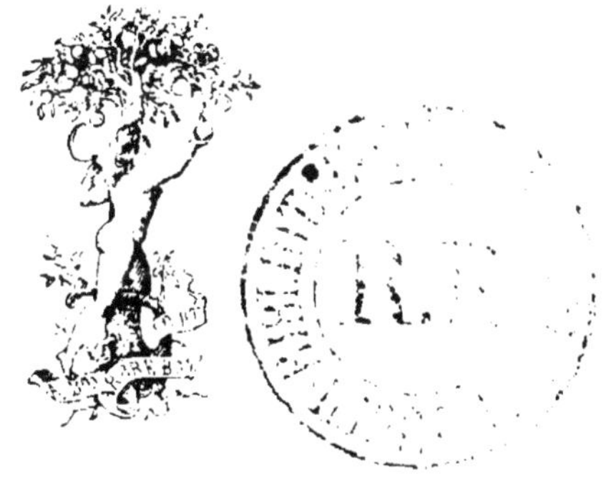

PARIS
P.-V. STOCK, ÉDITEUR
8, 9, 10, 11. GALERIE DU THÉATRE-FRANÇAIS
PALAIS-ROYAL
1899

De cet ouvrage, il a été tiré à part : 2 ex. sur papier Whatman ; 5 ex. sur papier du Japon et 8 ex. sur papier de Hollande.

A Monsieur Ernest VAUGHAN

En hommage d'affectueuse gratitude.

L. T.

Paris, le 17 janvier 1899.

PRÉCAUTIONS ORATOIRES

Le vieillard, généralement connu sous le nom de Père Éternel, qui, suivant Moïse, Rochefort et le comte de Mun, créa la lumière antérieurement au soleil, alias *M. de l'Être ou le Dieu des Armées, se reposa le dimanche et fuma sa pipe, tel un boutiquier retraité dans la banlieue sainte de Iérouschalaïm. J'imiterai un exemple si autorisé, pour, ayant mené à terme l'enchiridion que voici, intégrer, par façon de repos, une manière de plaidoyer en ma faveur, me disculpant aux regards des vieilles dames et de ma tante Jean Lorrain.*

Quelques lectrices (disons, pour n'exagérer point, une demi-douzaine) veulent bien me reprocher le manque d'urbanité de ma polémique, et surtout, proh pudor ! *les termes que j'emploie. D'après elles, on compromet, par de telles violences, plutôt que l'on ne sert, la justice et la vérité. Les gros mots ne conduisent à rien, pas même au style académique. Ne pourrait-on, en un langage plus civil, dire les mêmes choses, édulcorer par un sucre de bienséances l'âpreté des invectives, la haine, et le dégoût ? A dire le vrai, l'objection m'échappe absolument.*

Elle eût consterné les écrivains les mieux famés des âges classiques : et Montaigne, et Pascal, et Molière et Saint-Simon. Je ne pense pas qu'il soit utile d'être mieux appris que M. de Voltaire pour abominer Rochefort ou sabouler Gaston Méry. La pudeur contemporaine, à laquelle je défère de mon mieux, est un sentiment tout à fait neuf, issu de l'invasion boutiquière dans nos comportements. Louis XIV, devant les duchesses, ordonnait d'arrêter son carrosse et disait au cocher pourquoi. Madame Adélaïde avec ses sœurs appelait Marie Leczinska : « maman-reine » et la Dubary « maman-putain », sans que cela dégradât le moins du monde l'air galant et noble auquel ne parviennent que malaisément, aujourd'hui, les patrons des Grands Magasins ou les nababs de Chicago. La pruderie du langage est merveilleusement adéquate à l'entrée dans la vie sociale des bonnetiers enrichis, des usuriers triomphants. Telles sont les grâces des coupeurs de chemises quand ils revêtent leurs belles manières avec un frac trop neuf et se pommadent pour briller « en société ». *A présent, faire visite au lieu d'honneur est moins ardu que l'appeler par son nom, qui donnait autrefois une rime à Boileau.*

Nul n'oserait proférer devant sa concierge les expressions de la Palatine, à moins que d'employer le texte allemand.

Je voudrais citer, en tête de ces vers, la réponse connue de l'Electrice de Hanovre, à la mère du Régent, que M. Stock la bifferait tout entière, non pour sa provenance monarchique, mais pour son incongruité. Quelle gazette, fût-ce le Père Peinard, *imprimerait aujourd'hui, sans beaucoup de points, la jolie épigramme dont Voltaire égayait, aux dépens de Vendôme, le salon des Choiseul :*

Ce héros que tu vois ici représenté,
Favori de Vénus, favori de Bellone,
Prit la vérole et Barcelone,
Toutes deux du mauvais côté.

Néanmoins, lectrices, je me conformerai désormais à vos admonestations. Il n'est offrande qui ne vous soit due. En outre, servant une cause proscrite et bien-aimée, il me plaît obéir à celles dont les encouragements nous réconfortent, dont la sympathie nous montre le chemin, envers et contre tous.

A travers les Grouins

LA PRIÈRE POUR TOUS

Rendons grâces à Dieu ! La Ligue bien venue
Réunit marguilliers, escarpes, chands de vin
Et journaleux nourris de pâte sans levain ;
La Vérité les scandalisa, toute nue.

Maintenant la Patrie est sauve. Triomphants,
Nous jaculons des vœux intéressés : Dieu donne
Quelques dents à Barrès ; à Coppée, une bonne !
Que Gunsbourg à Loti fasse beaucoup d'enfants !

Nous sommes sans talent, sans honneur et sans sexe.
Le bourgeois nous admire et déguste, perplexe,
Nos mélanges savants de fiel et de saindoux.

Les Jésus sont bons pour les matrulles hagardes.
Prenons, tel un chameau, des calus aux genoux !
— Quand il aura béni toutes les vieilles gardes,

Puis tous les Ramollots, Dieu finira par nous.

VILLANELLE

C'est l'arbitre du bon ton
Le youtre cher à Gamelle,
C'est Meyer porte-coton.

Bravant le qu'en-dira-t-on,
Aux hidalgos il se mêle.
C'est l'arbitre du bon ton.

Le chouan, lorrain ou breton,
Ne va point à sa semelle :
C'est Meyer porte-coton.

L'âme atroce de Caton
N'a pas en lui sa jumelle.
C'est l'arbitre du bon ton.

Les coups de pied, de bâton,
Dilatent sa gargamelle.
C'est Meyer porte-coton.

On prise fort, chez Goton,
L'empois qui le caramèle :
C'est l'arbitre du bon ton.

Il craint le fer. Se bat-on,
Sa cacarelle est formelle :
C'est Meyer porte-coton.

Il éloigne l'esponton,
La flamberge, l'alumelle :
C'est l'arbitre du bon ton

A deux mains, contre un séton
Il protège sa flanelle.
C'est Meyer porte-coton.

Chauve de partout, Giton
De mainte vieille andrumelle,
C'est l'arbitre du bon ton.

Il drapa le hoqueton
Chez Antigny, sa fumelle :
C'est Meyer porte-coton.

Il marine comme un thon
Dans le chrême qui grumelle.
C'est l'arbitre du bon ton.

C'est Dangeau, c'est Hamilton,
Brummel dompteur de chamelle !
C'est Meyer porte coton

L'Église aime ce croûton
Et les gaupes font comme elle.
C'est l'arbitre du bon ton,
C'est Meyer porte-coton.

MAINTENEUR ÈS JEUX FLORAUX

A mes amis de Toulouse

Ayant coiffé son casque à mèche et revêtu
Le frac des troubadours qu'illustre une giberne,
Perrossier, Némorin compliqué de baderne,
S'escrime après Zola d'un braquemart pointu.

Jéhanne d'Arc, il préconise ta vertu
Et, chez les bons gagas des jeux Floraux, lanterne,
Cueille des fleurs en papier peint puis, très moderne,
Sur leur vieux mirliton, siffle « turlututu ! »

Car il est, au milieu de ces gens asthmatiques,
Tenace à ravauder la chanson des lilas,
Sucrant de petits vers, bonbons diabétiques

Dont Peyralade goûte avec un fort soulas.
Et c'est pourquoi, guerrier aux frousses authentiques,
Poète insuffisant aux plus vils chocolats,

Il épanche sur les Maitres son déguelas.

CHAUVINISME SARDINIER

Or, les Nantais ont fait savoir au bureau de l'Association qu'ils refusaient de recevoir ses membres, si M. Grimaud en restait président.

Dr Paul ARCHAMBAULT.

CAPITAINES vaseux, gentillâtres dévots,
Et les sous-offs, et les vicaires aux pieds sales
Devant Grimaux (un syndiqué !) ferment leurs salles,
Et tous, avec transport, beuglent comme des veaux,

Car la Province, dont les mœurs sont étonnantes,
Prise Judet, Boisdeffre et Pellieux aussi.
Les miracles de Lourde et l'ange Esterhazy
Conjouissent le cœur imbécile de Nantes.

C'est pourquoi les marchands de thon, les hobereaux
Se rebiffent à la manière des taureaux,
Abominant le juif sur la Loire et sur l'Erdre.

L'eau bénite leur est un « *sortilège bu* ».
Ce qu'on leur voit d'esprit court en Drumont se perdre :
A ces causes, il sied de dire — tel Ubu, —

Pour la rime et pour la raison : *Vive l'Armerdre!*

PRÉDICATEURS DE CARÊME

Dans l'église où, béats et crasseux, maints fidèles
Apportent un encens de pieds ou de guano,
L'abbé Vigoureux et son compère Etourneau
De la chaire, en cinq secs, dépassent les modèles.

Bossuet, Ezéchiel et Jocrisse, comme un
Seul homme, à travers leurs discours se font entendre
Et la vieille Loti, plus fardé que Clitandre,
Rit au sabre avalé par le comte de Mun.

Hanotaux, en français d'almanach, pontifie :
Et tous, cabots, prélats, ont leur photographie
Dans les vitrines, près de l'assassin du jour.

L'œil somnole, en dépit des contenances roides,
Cependant que, malgré leur gorge faite au tour,
Les dames sans chemise ont un fort béguin pour

Barrès dont la froideur va jusqu'aux humeurs froides.

VIEILLE DAME

Inter Socraticos notissima fossa cinædos.

JUVÉNAL.

APRÈS avoir morné tant de robustes piques,
— Heureux vaincu de ce combat qui lui fut cher —
Et poussé dans le plus intime de sa chair
« *Les dragons chevelus, les grenadiers épiques.* »

Ma tante Jean Lorrain adhère au boniment
Coppéen, par qui va fleurir la Paix aimée,
Sans nul autre désir que prouver à l'Armée
Son amour, en détail et collectivement.

Palpitant des viols subis avec ivresse,
Il imbibe les régiments de sa caresse,
Donne aux tringlots des noms de princes fabuleux.

Son cœur est grand ouvert à leurs jeux délétères,
Patriote comme chanson ! — Les cordons bleus
Et les vieilles putains aiment les militaires.

NATIONALISTES

Couronné de persil, d'ache et de seringat,
Estimé par Forain qui le passe à Defeure,
L'Eminent Ecrivain mijote dans le beurre,
Sous les yeux attendris du père Vascagat.

Cassagnac, tout enfant, aux plages malabares,
Frotté de graisse, avec des plumes dans le nez,
Cependant que ronflaient des peaux d'âne barbares,
Improvisa quelques chahuts bien soudanais.

Judet qui, chaque jour, suinte l'ignominie,
Arthur Meyer faisant manœuvrer son génie
A travers les bidets et les fonts baptismaux.

Voilà donc quels vengeurs s'arment pour ta querelle,
Patrie ! et Max Régis choyé des maquerelles,
Et Drumont élu par les dompteurs de chameaux !

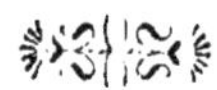

BALLADE

POUR CONGRATULER MES BONS AMIS LES ÉTUDIANTS DE L'A, SUR LEUR INTERVENTION DANS LES AFFAIRES PUBLIQUES

A Emile Cottinet.

Tigres ailés, feu mâchant par la bouche,
Licorne bleue aux ongles smaragdins,
Cocquecigrue, alérion farouche,
Hircocerf plus rapide que les daims,
Ils ont vaincu les animaux soudains :
Aspics, zébus aux flancs tachés de rouille,
L'aigle de mer avec les agamis.
De plus, ils sont très bons pêche-grenouille,
Portant sur eux tous les gris-gris, hormis
Le rameau d'or qui dissipe la Trouille.

En faveur du galon prenant la mouche,
Dans les cafés nocturnes, ces édens,
Ils vengent leur patrie, ou bien font souche,
Entre les draps impayés des catins.
« A bas Dreyfus ! A bas Zola ! » Gandins
Sortis de chez les Bons Pères, arsouilles
Qu'ont les bahuts les moins doctes vomis,
En eux Sottise impudente bafouille :
Mais à leurs mains aucun dieu n'a commis
Le rameau d'or qui dissipe la Trouille.

Pour Deschanel, grand maître ès fausse couche,
De la Sorbonne ils ornent les gradins.
Monsieur Barrès leur apprend comme on louche,
Pour éclipser calicots et mondains,
L'air cacatoire et la gigue en boudins.
Leur Président se bat parfois, mais souille
Les caleçons quadruples qu'il a mis
Et, dans la rue, où leur cohorte grouille,
Nul ne présente aux électeurs soumis
Le rameau d'or qui dissipe la Trouille.

ENVOI

Maître-valet, souteneur, niguedouille,
Accueille-les ! Ce sont bien tes amis.
Que chez Vervoort le troupeau soit admis.
Lâches, braillards, et tôt sonnant la gouille,
Qu'à leur crapule, un jour tout soit permis,
Fors le rameau qui dissipe la Trouille.

MALÉDICTION DE PALLAS

C'est au Palais-Bourbon plein de vétérinaires
Et de curés aux pieds fétides, que Pallas
Athéné, revoyant ce flot de cancrelats,
Se soulage en des hexamètres débonnaires :

Les voici donc tous ces goitreux que décapa,
Dans les bourgs ou les préfectures taciturnes,
Le bain mal odorant et propice des urnes.
Voici Paul Deschanel plus veau que son papa.

Mais, hélas ! pour charmer l'ennui des heures flasques,
Je ne reverrai plus Barrès pareil aux masques,
D'un Talleyrand dentiste ou d'un Guizot portier.

Et nous pleurons, moi la Déesse et lui la peste,
Devant le noir Destin qui ne fait nul quartier,
Les deux cent mille francs que lui coûta sa veste !

ROCHEFORT AUX GLAVIOTS

Le macrobe de l'*Intransigeant*, le Miché,
Vaudevilliste mûr pour les capucinades,
Reçoit du bran et des catharres en tornades
Sur son mufle où tous les bons bougres ont craché.

Restez, villa Dupont, marquis, sur cette chaise
Percée où le grand âge et Vervoort vous ont mis,
Utile à votre femme, et bon pour ses amis.
— Mais ne vous risquez plus vers le Père-Lachaise.

Car les Jacques sauraient vous mettre au dépotoir,
Baladin qui, sur les restes de Victor Noir,
Défaillites, pâmé de frousses colossales.

Votre temps est fini, vieux pitre, ô Rochefort !
Vous êtes désormais Géronte et non Beaufort,
Le protégé des flics et non le Roi des Halles.

29 mai 1898.

SONNET

Marquis de Vascagat, ô Géronte, ô Gavroche,
Qui de la *gens* Vervoort appuyez le turbin,
Voici le temps pour vous, paillasse et coquebin,
D'exhaler un esprit qui n'est pas sans reproche.

Drumont, le sacristain nidoreux, le larbin
Dont les femmes en mal d'enfant craignent l'approche,
Laid comme un pou, va siéger près d'Ernest Roche.
Votre beau-frère seul clapote dans son bain.

Il ne connaîtra pas, ce phénix des beaux-frères,
La tribune où, deux fois, malgré les vents contraires,
Barrès porta sa tripe à la mode de Kant.

Pour sa croupe d'azur que le claque jalouse
Brummel n'aura de frac ni Thivrier de blouse
Et Lisbonne dira qu'il manque un peu de *cant*

VILLANELLE

Vervoort est un poisson bleu,
Ce qu'il fait n'est guère honnête,
Mieux vaudrait tricher au jeu.

Quant à moi je goûte peu
Son langage, sa binette :
Vervoort est un poisson bleu.

Il bat le rappel, mordieu !
Puis escompte la brunette :
Mieux vaudrait tricher au jeu.

Il vend, comme Gandibleu,
Les tripes de Fanchonnette,
Vervoort est un poisson bleu.

Son odeur tient de l'émeu,
Du putois, de la genette !
Mieux vaudrait tricher au jeu.

A Rochefort, combien feu !
Il dicte mainte sornette.
Vervoort est un poisson bleu.

O l'abject fesse-mathieu
Dévot à la baïonnette !
Mieux vaudrait tricher au jeu.

Que, des talons au cheveu,
La plus fine l'encornette !
Vervoort est un poisson bleu,
Mieux vaudrait tricher au jeu.

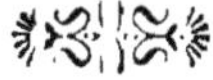

VILLANELLE

ANDRÉ Vervoort nous assigne,
Mon cher Philipppe Dubois :
Préparons nasses et ligne.

Comme, en août, une maligne
Grièche abattant des noix,
André Vervoort nous assigne

Et, scombéroïde insigne,
Nous veut réduire aux abois.
Préparons nasses et ligne.

Immaculé, fleur de cygne,
Plus blanc que les palefrois,
André Vervoort nous assigne.

L'amour lui fut une vigne
Pampinante et de bon choix.
Préparons nasses et ligne.

Pour que Boisdeffre s'indigne
Et que l'on nous mette en croix,
André Vervoort nous assigne.

Que nul n'accuse la guigne,
Mais bien le retour des mois.
Préparons nasses et ligne.

Il faut bien qu'un dos s'aligne
Dans la saison des bains froids.
André Vervoort nous assigne,
Préparons nasses et ligne.

25 mai 1898

BALLADE

POUR CÉLÉBRER LE FIASCO DE M. GASTON MÉRY

« *M. Gaston Méry, de* la Libre Parole, *qui a la prétention de souhaiter à Cyroet la bienvenue au nom du Journal des jésuites, est reconnu par les assistants et sommé de sortir de la salle.*

« *Je suis venu ici pour saluer Cyroet au nom de* la Libre Parole, *balbutie M. Méry, et...*

« *Il ne peut continuer. Un terrible concert d'imprécations et d'injures s'élève. On crie de toutes parts : « A bas la calotte ! A bas la voyante ! »*

« *M. Méry est obligé d'abandonner la salle et se retire, non sans recevoir au passage quelques horions.* »

Monsieur Drumont qui, pour aller en masque,
Met un prépuce en guise de faux né,
Des horions, outrageuse bourrasque,
Et du crachat plusieurs fois géminé
Sauve son groin de porc enchifrené.

Mais, souteneur, aigrefin, casserole,
Vont foisonnant à *la Libre Parole*,
Le bleu des dos y forme un arc-en-ciel
Et, comme un lis à travers l'escarole,
Méry fait voir l'Archange Gabriel.

Ferrer la mule ou bâter la tarasque,
Prendre une vieille au poil teint de henné,
Jouer du luth ou courir comme un Basque,
Cela se peut à quiconque est bien né.
Mais fournir, chaque soir, à l'abonné,
Sous la lueur du quinquet à pétrole,
Quelque prodige et l'enduire de miel,
C'est à donner la petite vérole !
Tel, néanmoins, sans airs de Fragerolle,
Méry fait voir l'Archange Gabriel.

La Couëdon qui met son vin en fiasque,
Ne montre pas les lignes de Phryné :
Mais les Kéroubs ont un goût si fantasque !

J.-K. Huysmans en demeure étonné ;
Le Sacré-Cœur lui-même est consterné.
Car, attirant once d'or ou pistole,
Gaston, le doux nabi, sur maint Pactole,
Peut intégrer un geste essentiel.
Sans revêtir la chape ni l'étole,
Méry fait voir l'Archange Gabriel.

ENVOI

Cyvoct ! pour vous chanter sa barcarole
Extralucide, il vint comme Ariel,
D'un long eustache apprêtant la virole.
A coups de pied en plein potentiel,
Reconduisez ce nouveau Desbarolle !
Méry fait voir l'Archange Gabriel.

VILLANELLE

On l'a tué comme un César,
Comme un empereur, comme un tzar.
ARISTIDE BRUANT.

DRUMONT fut assassiné,
Dans Alger, en Barbarie,
Parce nobis, Domine !

Max Régis est consterné,
Car un pétard l'excorie :
Drumont fut assassiné.

Drumont au blair chiffonné,
Drumont, l'enfant de Marie :
Parce nobis, Domine !

D'Augias trop fortuné
Il vidangeait l'écurie :
Drumont fut assassiné.

Et l'Arabe décharné
L'abreuvait d'idolâtrie :
Parce nobis, Domine !

Bab-Azoun, illuminé,
Massacrait la juiverie.
Drumont fut assassiné.

Pour dételer son poney,
Tous marchaient en grand'furie,
Parce nobis, Domine !

Mais son carrosse a tourné
Ru' de la Ferronnerie :
Drumont fut assassiné.

Qu'on aille chez l'attorney,
C'est un deuil pour la patrie!
Parce nobis, Domine !

Hosannah! qui fait un né ?
C'est la franc-maçonnerie :
Drumont fut assassiné :
Parce nobis, Domine !

BALLADE PATRIOTIQUE

SUR LA LOUANGE DU COLONEL HENRY

Camp du Drap d'Or et vous lice guerrière
Des Beaumanoir ou des Montgommery,
Quelques héros, poursuivant la carrière,
Ont, de nos jours, vos palmes refleuri.
Les camelots mènent leur hourvari.
C'est Rochefort, Thiébaud et Millevoye,
Arthur Meyer, Judet qui semble une oie,
Et puis Barrès gazouillant *da capo*,
Si que Drumont ne se tient plus de joie :
L'honneur fleurit à l'ombre du Drapeau.

Après avoir besogné sa prière,
Boisdeffre, comme un abcès trop mûri,
S'est répandu chez la gent huîtrière
Des sacristains patriotes. Un cri
D'amour : « Voici le colonel Henry ! »
Est-ce Roland, sir Pandarus de Troie,
Ou Maugiron en armure de soie,
Qui de tranchant et d'estoc fait rampo ?
Tels champions se peut-il que l'on voie ?
L'honneur fleurit à l'ombre du Drapeau.

Le torse nu, portant sous-ventrière
Et maints agnus vantés par G. Méry,
Comme il est beau de rage meurtrière !
Morts du Tonkin et morts de Satory,
Vos officiers (tel Ubu, chez Jarry)
Prennent le sabre et la dague où se noie
Le sang des cœurs, l'atrabile du foie,
Hélas ! Picquart, en lui piquant la peau,
Du sieur Henry le cubital foudroie !
L'honneur fleurit à l'ombre du Drapeau.

ENVOI

Prince Crozier, successeur de Montjoie,
Le protocole est dans la bonne voie ;
Chantons noël de Saratow à Pau !
Que l'iris des trois couleurs se déploie :
L'honneur fleurit à l'ombre du Drapeau.

BALLADE

POUR MAGNIFIER LE « CERVEAU-CHEF »

Ernest Lafleur, Labranche ou Lajeunesse,
Et Laverdure, et Poilaunez, et Bec,
Et Jean Rameau vanté pour sa finesse,
Et le cafard, et le snob, et le grec,
Suivent Barrès-psychopompe, leur cheik.
Tous, à l'envi, pour humer la gadoue
Et récolter du *pognon* dans la boue,
Citent Hegel, avec des mots pédants ;
Mais lui, poussif, bientôt cane et s'enroue :
C'est un requin avec de fausses dents.

Il enviait, au temps de sa jeunesse,
Les margotons et ceux qui font avec.
Son estomac, qu'emplit le lait d'ânesse,
Dégobillait cervoise et jérez sec.
Vénus lui fut généreuse en échec.
N'ombra jamais sa lèvre ni sa joue
Le poil follet dont Musette s'engoue.
Mais la Boulange, emmi ses claquedents,
Le vit monter « en esquivant la roue » :
C'est un requin avec de fausses dents.

Les électeurs, de Port-Vendre à Gonesse,
Fidèlement reconduisent son breack.
Lourdauds impurs ! Faut-il qu'on méconnaisse
Goethe et Morny panachés de Gobseck,
Barrès enfin, tribun, dandie ou mec.
Son avaloire, où le chicot se joue,
Laisse filtrer une adorable moue,
Et, comme il fut nanti d'instincts prudents,
Au milieu des Ramollots, il s'ébroue :
C'est un requin avec de fausses dents.

ENVOI

Napoléon ! Bandit qu'un pleutre loue,
Vois ! Erynnis ton phantasme dévoue
A ce Barrès, frère des Peladans :
Et l'histrion sur ta peau fait la roue !
C'est un requin avec de fausses dents.

Les électeurs de la Meurthe et de la Moselle
Curés, pacants, bourgeois aux gants de filoselle,
Mastroquets, tenanciers de lupanars aussi,
Les électeurs de Toul, de Briey, de Nancy,
Marguilliers sur leurs bancs et maçons dans leurs loges,
Se désopilent à déraciner les Vosges.
Car, tandis que Drumont, en Alger, fait florès,
La Moire, le Destin, l'Anankè sur Barrès
Exercent des rigueurs à nulle autre pareilles.
En vain il rebattit sans pudeur nos oreilles
De la Lorraine (cet Auvergnat!) du drapeau
Et de Hegel, les électeurs disent : « La peau! »
O comble de misère! O douleur forcenée!
Pendant quatre ans encor, nous verrons des *Journées*
Parlementaires et les articles mordants
Où l'Intellectuel aux mâchoires sans dents
Exhale, chaque soir, âme de griefs pleine,
Sa rancune et le faguenas de son haleine.

Qui pourrait cependant représenter l'émoi
Dont renacle, en ce jour, le pontife du Moi ?
Avoir léché le... dos clérical de Boisdeffre,
(Rostand demanderait une autre rime en *effre*)
Avoir gueulé, tel un putois, contre Zola,
Etre la crème des pleutres, et rester là !
Cassagnac de qui les grand'mères, par la queue
Se suspendaient aux cocotiers des forêts bleues,
Cassagnac, le babouin de Gascogne, est élu,
Et Millevoye, et Déroulède qui n'a lu,
Tant son âme est par le chauvinisme rouillée,
Ni Schopenhauër, ni les bouquins de Fouillée !
  Ainsi Barrès, dont le suffrage universel
Goûte modérément le dandysme et le sel.
Récrimine. Un mégot à parfum de lessive,
Un *Soutados* puant lui gratte la gencive,
Il prodigue aux cochers de fiacre les saluts

Et l'épicier du coin ne le reconnaît plus !

BALLADE

POUR EXALTER LES DOYENNES DU PERSIL

« Viennent les marguilliers pervers.
« Les bedeaux porteurs de cautères,
« Les gros messieurs chargés d'hivers !
« Je couronnerai d'œnothères,
« De lilas et de myrthes verts
« Toute la chambre des notaires ! »
L. T.

Leurs mamelles où nos bisaïeux se sont plu
Ballottent, à présent, de manière fantasque.
Le henné rouge sur leurs crânes vermoulus,
Leurs crânes pareils à des ris de veau boullus,
Imprime tels magmas qu'on ne rincera plus.

Leurs museaux d'ichneumon, de pieuvre, de tarasque
Bâillent : ainsi le trou punais de l'Achéron.
Voici les dents d'émail sur le chichot marron!
Et les robes couleur d'enfants, rose ou citron :
Car ces dames, ayant braguettes soulagées,
De fastueux chichis pavoisent leur giron :
Los aux vieilles putains d'ans et d'honneurs chargées!

En faveur des meschins pauvres et résolus,
Leur générosité vénérienne casque.
Ignorant, comme il sied, Malte-Brun ou Reclus,
Le muletier avec force auvergnats poilus
Affronte de grand cœur ces palus et ces glus
Fétides, nonobstant les huiles bergamasques.
(Est-il bardeau, mulet, viédaze, aliboron,
Pour oser en tel lieu risquer un paturon ?)
Elles défaillent avec les cris de Baron
Au seul aspect des génitoires insurgées,
Et monsieur Deschanel à les servir est prompt :
Los aux vieilles putains d'ans et d'honneurs chargées!

Clamons : « *Io pæan !* » En des bouquins peu lus,
Carmen Sylva, la Ratazzi qui semble un masque
Japonais et l'antique Mab aux soins velus
Des petits jeunes gens quémandent les saluts.
— O, sous vos cheveux bruns, Lafayette et Caylus ! —
Sans parvenir jamais à la dernière frasque,
Elles bouillonnent, tel un magique chaudron,
Cependant qu'imbibé de fards et de goudron,
Loti, cagneux mais beau, darde son éperon
Pour l'ébattement des vétustes Lalagées
Et présente frère Yve à leur décaméron.
Los aux vieilles putains d'ans et d'honneurs chargées !

ENVOI

L'arbre caduc, jetez les rameaux et le tronc !
Prince, beau tourmenteur, Ezzelin ou Néron,
Coiffe ton casque d'or, atteste le héron
Et que, grand'mères par tes ordres fustigées,
Elles payent enfin leur obole à Caron,
Ces antiques putains d'ans et d'honneurs chargées.

CHANT ROYAL DE LA MANSUÉTUDE ECCLÉSIASTIQUE

Ecclesia abhorret a sanguine —

Afin que mieux soit sa bonté connue,
Je veux, Seigneur, sur un rythme ancien,
Chanter l'Épouse, à ton cœur, bien venue
Que, pour le carme et le sulpicien,
Nabi Schlèmô, paillard magicien
Prophétisa dans les points et cédille
De son Cantique. Elle est douce, godille
Comme un beau lys par l'aube caressé ;
Onque le sang ne rougit sa mandille :
La Sainte Eglise abhorre au sang versé.

Pourtant il sied que Ferveur maintenue
Avec l'athée ou le pyrhonnien
De Belzébuth, emplisse la cornue.
Epoussetons juif et luthérien ;
Que l'indévot paie et ne garde rien !
C'est pour très cher qu'on pend, qu'on essorille,
Que le troupeau sustente qui l'étrille.
Nous n'avons pas renié le passé.
Vois ! Dans Montjuich, dans Cuba, dans Manille
La Sainte Eglise abhorre au sang versé.

Père Didon, ta voix frappe la nue
Et Rochefort te vante à Possien :
L'autodafé par vos soins continue.
Ténor pieux, cher au béotien,
Meyer t'approuve et Jamont te fait sien.
Pour toi, Guérin frappe, Thiébaud nasille
A nous, soldats ! qu'on brûle, qu'on fusille
Tout scélérat, suspect d'avoir pensé,
Que dans l'ivraie, on plante une faucille !
La Sainte Eglise abhorre au sang versé.

Aux bois d'Arcueil où Science est menue
Fleurit le sport peu cicéronien.
En caleçon et la poitrine nue,
Les jeunes veaux ignorants, ô combien!
S'exercent en un match quotidien.
Sous les maillots brodés de canetille,
Un *foot-baller* catholique émoustille.
Quelque bedeau prompt à faire *da se*.
Au Racing-Club, l'enfant de chœur titille.
La Sainte-Eglise abhorre au sang versé.

Ainsi grandit l'engeance biscornue!
Bourgeois cafard, gâteux patricien,
En baladin le monstre s'atténue
Et Dominique au rhétoricien
Apprend le saut de carpe ou le maintien.
Torquemada sourit dans sa golille
Quand, écuyer de chevaux ou de filles,
Son *alumnus* convomit Pressensé,
Quand sur Zola Cassagnac dégobille :
La Sainte-Eglise abhorre au sang versé.

ENVOI

Tourne les yeux vers Alger où l'on pille,
DRUMONT, chacal mâtiné de gorille !
Ton chapeau bleu rayonne au quai d'Orsay,
Bon constructeur des Ham et des Bastilles,
Cuistre sanglant plus bête que Sarcey,
Dos et convicts te sont une famille :
La Sainte-Eglise abhorre au sang versé.

ODELETTE

(A la manière de Ronsard).

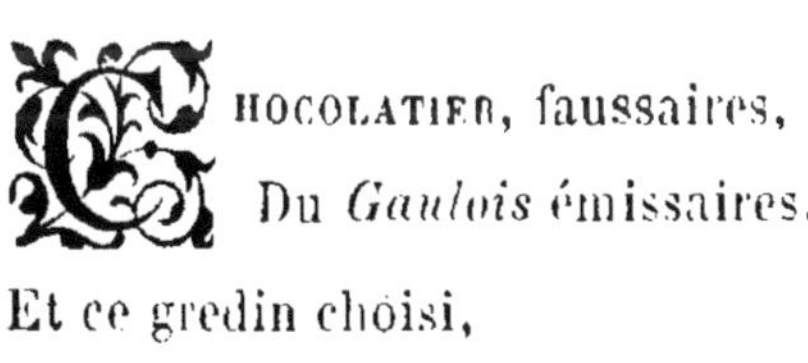
HOCOLATIER, faussaires,
Du *Gaulois* émissaires,
Et ce gredin choisi,
Esterhazy ;

Les tantes, les crapules,
Evêques sans scrupules,
Artons déshonorés
Et les curés :

Et les bonnes sœurs grises
Distillant pour les brises,
Au fond de leurs clapiers,
L'odeur des pieds ;

Les magistrats intègres,
Les cocottes, les nègres,
Les daims, les maquereaux
Et les bistros ;

C'est ainsi qu'on recrute
Voleur, escarpe, brute,
Un personnel classé
Au quai d'Orsay.

Ainsi qu'une relique,
Meyer, juif catholique,
Arbore avec bonheur
La croix d'honneur.

Alfred Duquet, Mézières,
Loti, fleur des rizières,
Et les divers Quesnays
  En sont ornés.

Major de table d'hôte
Cassagnac ne fait faute
D'avoir cet oripeau
  Dessus sa peau.

Elle orne tes fumistes,
Wilson, les panamistes
Et Gaston Jolivet,
  Ce pur navet.

Ils sont hideux et bêtes,
Ils portent sur leurs têtes
L'air brutal ou sournois
  Propre aux bourgeois.

Ils lèchent les derrières,
Les pattes meurtrières,
Les sabres dégainés
Des galonnés.

Tous, ruisselant d'extases,
Bénissent les ukases,
Le drapeau tricolor,
L'Etat-Major.

Et c'est vraiment justice
Que ce monde obreptice
Et tous ces bougres-là
Chassent Zola.

12 avril 1898.

QUATORZAIN D'HIVER

A LA LOUANGE DE CLAUDICATOR LE BÉNÉVOLE

Notre subtil et brillant écrivain a réprouvé...
UN REPORTER DE *la Patrie.*

La paix est ton but, ô Pacifique !
E. RENAN, *Invocation sur l'Acropole.*

RAMEAU chantait : Je ne suis pas joli, joli ;
Rivarol a trouvé chez moi son antipode.
Ignorant tout français, je beugle mes épodes,
Avec le geste d'un qui fait pipi au lit.

Les plumassières dont j'illustre les soirées
Baillent quelques écus pour m'entendre. Et voilà
Qu'avec Dreyfus, avec Scheurer, avec Zola,
Un marasme soudain alanguit mes rentrées.

Le commerce est dans le marasme ! ce qui fait
Que j'ai, ce soir, lavé la tête et dit leur fait
Aux gazetiers que Millevoye excommunie.

Destin, sauve la France et garde ses *quibus*
Au poète cagneux qui grimpe en omnibus
Et « va-t-en ville » pour gasconner son génie !

MÉLANCOLIE ODÉONESQUE

Sous l'Odéon blafard que décorent les proses
D'Haraucourt, et Shakespeare, en vers tripatouillés,
Comme un « bougna » pensif, entre de vieux « souyés »,
L'Auverpin ne veut plus qu'on effeuille des roses.

Les poètes, même Paul Fort, sont renvoyés ;
Jean Lorrain dont la ménaupause a des chloroses
Et Vicaire cousu de longues hydrartroses,
Les Montforts, les Leblonds avec les Bouhéliers.

Nul ne chantera plus une ode triomphale !
Pégase inemployé, Chimère ou Bucéphale
Rongent leur frein dans ton étable, ô Ginisty !

Verse-nous maintenant l'ivresse ! Et, dans l'entr'acte,
Ne manque pas d'offrir à la foule compacte,
Pour deux sous, les marrons chers à Pierre Loti.

CANDIDATS A L'IMMORTALITÉ

Quand au poète Dierx incombe ce bonheur,
Bien des forts sont tombés dans l'arène tragique :
Ils ne t'ont point élu, barde pédagogique,
Sully-Prudhomme, honneur des Légion d'honneur ;

Ni Coppée — un François d'Assise tricolore —
Ni le comte Robert, ni ma tante Lorrain,
Ni Jean Rameau qu'on exhibe pour un florin.
Après ces chefs, d'autres, moins grands, restent encore.

Plus nègre que ce freux où vit le preux Arthus,
Moréas qui, le soir, au compte-goutte, urine,
Fait couver par Maurras d'innommables fœtus.

Mais le Pierre Puget du suif, des margarines,
Jean Richepin donna l'être à Jehan Rictus
Qui peint son âme d'or sur le mur des latrines.

Or ces guerriers ayant poussé le cri d'alarme
Et déterré la hache au seuil de leur gourbi,
Elèves de Barrès et poteaux de Bibi
La Purée, en tous lieux dégobillent leurs carmes.

Les symbolistes, les simplistes, les romans,
Ceux qui riment, à soixante ans, leurs pucelages
Et ceux dont les neurasthéniques mucilages
Pour Monsieur de Voguë sont emplis d'agrément ;

Frémine plus hideux que les têtes de l'Hydre,
Et Vicaire pochard comme une pomme à cidre,
Et ceux qui font des vers pour les cafés de nuit :

Tous veulent sur leur front le diadème esthète,
Ces palmes dont la fleur améthyte leur duit,
Et l'orgueil des festins à douze francs par tête.

PRIX DE VERTU

Maquillé, solennel, disert et peu joli,
Le frère de frère Yve, entre les vieilles dames
Pérore. Il a des solécismes tout pleins d'âme
Et, de le voir si vert, le Beau Frère a pâli.

Feu Monthyon, parrain d'une fâcheuse rue,
Inspire ses discours où de beaux mouvements
Enguirlandent, tels que du persil, les thomans
Dont la vertu est, en grand pompe, secourue.

Et ce sont des larbins intègres, des troupiers,
Qui remportent la gloire avec l'argent modique,
Puis un frère convers, sentant mauvais des pieds.

Mais l'orateur parcourt son thème fatidique,
Rhythmé par l'éventail au murmure berceur;
Car, le trouvant fardé, comme elles, et pudique,

Les vierges de Prévost disent : « C'est une sœur ! »

RONDEL

Dans les cafés d'adolescents
Moréas cause avec Frémine :
L'un, d'un parfait cuistre a la mine,
L'autre beugle des contre-sens.

Rien ne sort moins de chez Classens
Que le linge de ces bramines.
Dans les cafés d'adolescents,
Moréas cause avec Frémine.

Désagrégeant son albumine,
La Tailhède offre quelque encens :
Maurras leur invente Commine
Et ça fait roter les passants,
Dans les cafés d'adolescents.

CONSCRITS

(A la manière d'Esparbès)

Aigle de Boustrapa, voici ton jour! Les Gars,
Ceux de la Haute avec ceux de l'Épicerie,
Se gondolent vers ta loterie, ô Patrie,
Sous l'œil des marchichefs et des maires gagas.

Ils arrivent du claque ou bien des séminaires,
Fils de cocottes chez les Oblats éduqués,
Courtauds de magasins, lopettes dont les quais
Ont vu les jeux, parmi leurs dômes urinaires.

L'âme française chante (ô que faux!) dans leurs voix ;
Ils s'arrêtent pour dégurgiter du pivois,
Tel un cabot perdu que l'on mène en fourrière.

La Victoire, aujourd'hui, leur montre le chemin
Et des boxons épars leur ouvre la barrière.
Vivat ! Le copahu renchérira demain.

FOIRE AUX JAMBONS

(Intimité)

Ma mignonne, voici l'avril ! Un air plus doux
Où flotte l'âme populaire du saindoux
Et des frites, ce soir, invite aux indécences
Les troubades sortis avec leurs connaissances.
Les boutiquiers ventrus, aux blairs de tamanoir,
En famille, ont empli le boulevard Lenoir.
Ils gagnent, essoufflés, la barrière du Trône
Et les lutteurs forains sont tous en maillot jaune !

Viens ! nous allons humer des glaces à deux sous,
Dédaignant le concert arabe, où les dessous
Précaires des oulels-naïls sentent le rance.
— Comme il est pur le ciel de notre belle France !
Viens ! nous irons tous deux, fidèles au drapeau,
Complimenter l' « homme de bronze » dont la peau
Fait voir l'airain si cher à Monsieur Déroulède.
Le sabre, le fusil, la dague de Tolède
Figurent, à son poing aimé des caporaux,
Les croûtes de Neuville et celles de Morot.
Nous prendrons notre part de ces plaisirs austères
(Trois sols pour les pékins, deux pour les militaires)
Et notre cœur où Jeanne d'Arc revit encor
Magnifiera Boisdeffre avec l'Etat-Major.

Nous déambulerons parmi les odeurs grasses,
— Tes bottines à huit francs cinquante, un peu lasses —
Jusqu'à l'heure où, la main dans la main, et suçant
Les berlingots, dont le parfum est innocent,

Nous gagnerons, vers la place de la Bastille,
Les tirs aux macarons, luisants de canetille
Et l'échoppe où l'on voit, telle que nos guerriers,

Une hure de porc ceinte de verts lauriers.

VENDREDI SAINT

Trop de merluche et des lentilles copieuses
— Seule réfection tolérée aux croyants —
Enjolivent de certains rots édifiants
La constipation des personnes pieuses.

Dans l'omnibus — aucunement blasphématoire —
Montent force nonnains, coiffes et canezou :
Et c'est un air de deuil en les boutiques où
Sourit la poire du Bienheureux Peyreboire.

Quelques petits enfants — dirai-je masturbés ? —
Vers Saint-Sulpice, et leurs maîtres, larges abbés,
Du goguenot prochain éjouissent la vue :

Et, près d'eux, obstruant le degré colossal,
Un homme-affiche avec cette annonce imprévue :
« *Concert spirituel à Tivoli Vaux-Hall.* »

LE « PETIT ÉPICIER » FAIT SES PAQUES

Les ostensoirs, les Sacrés-Cœurs aux airs dévots,
Les cloches et tout le fourbi des cathédrales
Inspirent à mon cœur des sentiments nouveaux
Qui consolent mes défaillances uréthrales.

Des vicaires qui n'ont jamais rien inventé
M'instruisirent sur les douleurs du Purgatoire.
La foi des humbles, la savate humilité,
Angélisent mon rein, que trop supinatoire !

Et c'est pourquoi je vais, dans le petit local,
Ingurgiter tout mon bon Dieu, le Fils, le Père,
Et l'Esprit, qui souvent, chez Xau, se fait la paire.

Comme Jonas, évacué par son rorqual,
Je bafouille pour la clientèle abrutie :
Ma fistule au « petit Jésus » sert de régal,

Et tous mes fondements sont pleins d'Eucharistie.

IDYLLE SUBURBAINE

A Emile Métrot.

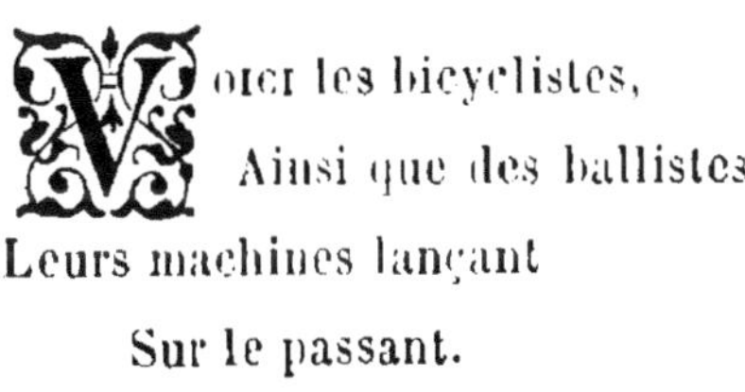

Voici les bicyclistes,
Ainsi que des ballistes
Leurs machines lançant
Sur le passant.

Voici les dégrafées
Hideusement coiffées,
Telles qu'un hanneton,
Dans leur veston.

Comme un porc que l'on châtre.
Le calicot folâtre
Hurle, par les faubourgs,
    Maints calembours.

Voici Joseph Prudhomme,
Qui loin, loin de Sodome,
Sans mail-coach de Binder,
    Prend un bain d'air !

Dans le bois de Vincennes,
Les magistrats obscènes
Viennent se trimbaler
    Et pédaler.

Ça refait leur échine
De rouler à machine,
Libidineux et gras,
    Sur le ray-grass.

Et les dames faciles
Ricanent, imbéciles,
De pister, à vélo,
Maint gigolo.

Tout le bois en fourmille.
Puis, ce sont des familles
Complètes d'*ouverriers*
Inébriés.

Ils apportent salade,
Gruyère, marmelade,
Veau, laitue et pourpier,
Dans du papier.

Une âme de friture
Egaye la nature,
Qu'emplit ta grande voix,
Chevaudebois!

Quelque parfum agreste,
La sueur et le reste,
Diversifie au loin
    L'odeur du foin.

La poussière assaisonne
Les macarons. Foisonne
La mouche des cacas,
    Sur le lilas.

Plaisir combien champêtre!
Et qui ne voudrait paître
Ces repas digestifs,
    Sur les fortiffs !

L'Himalaya dégoûte
Les humbles. Somme toute,
Tu vaux mieux que le Nil,
    Lac Dauménil.

Car le tramway du Louvre
Peut, quand le temps se couvre,
Y mener les bourgeois,
A travers bois.

O douceur efficace !
Lamper un melécasse
Et le bitter plus dur,
Devant l'azur !

Ainsi triomphe l'ordre !
Nul n'a besoin de mordre,
Ayant usé ses bas,
En tels ébats.

Et, toute la semaine,
Les cyclistes que mène
Un rude et tâtillon
Chef de rayon ;

Les employés moroses,
Ayant humé les roses
Et longtemps baladé
Par Saint-Mandé,

Acceptent ergastules,
Camouflets et sportules
Et les repus grugeant
Leur pauvre argent.

C'est pourquoi leurs équipes
T'émeuvent jusqu'aux tripes
Coppée, ô sacristain
Si peu hautain !

CHEMIN D'EGLOGUE

Vers le train allongeant ses « *billets* » sur la voie,
L'essaim hilare des calicots s'est rué.
Dans les compartiments où des gens ont sué
Il s'installe, joyeux d'une émétique joie.

En face de la grue énorme dont le buse
Malaisément contient une gorge bovine,
Les bouquins de Drumont édités par Savine
Délectent un bourgeois qui ne sent pas le muse.

Cela fleure l'odeur des pieds, la caquesangue
Des enfançons et le mégot, qui, sur la langue,
Vous fait passer comme un renvoi de Krysinska :

Et, plus loin, les époux Duvedeau qu'accompagne
Leur héritier, couleur de morve et de caca,
Soignent le melon qu'ils portent à la campagne.

TROISIÈME SEXE

En vestons gris, en chapeaux mous, par les quinconces,
Avec des mouvements câlins et paresseux,
Rôdent les icoglans parisiaques, ceux,
O Prudhomme, qu'au feu céleste tu dénonces.

Les tantes ! peuple hilare et nocturne pour qui,
Tout sergent de ville est un oncle débonnaire,
Près des *Ambassadeurs* où chahute Bonnaire,
Où les gommeux boivent de l'ale et du raki.

Dans les temples indous que tapisse la cure
Infaillible de tous les bobos, sans mercure,
Ils lèvent les banquiers en rut, impudemment !

Et le poète Jean Lorrain de Normandie,
Accordant pour leur los sa syntaxe hardie,
Les célèbre en vers faux, — avec étonnement.

FÊTE NATIONALE

(*Intimité*).

A Le Pic

Le quatorze Juillet et ses chevaux de bois,
Ses guinches, où les bons zigues, saoûls de pivois,
Etreignent, pour *l'en-avant-deux*, leurs maritornes,
Tandis que les cocus vont aérant leurs cornes,
Me charment. J'ai revu, place du Panthéon,
Le doux vieillard qui jouait de l'accordéon
Dans la rue Oudinot, presque sous mes fenêtres,
A l'heure où la splendeur de Félisque, et ses guêtres
Se dérobaient parmi les mégissiers obscurs.
Car j'ai toujours aimé les humbles aux cœurs purs.

Aux pieds douteux comme un vers de *Pour la Couronne*,
Car je suis le passant bénin, que n'environne
Aucun rayon, aucun éclair, aucun soleil.
Mes articles me font aux concierges pareil.
Aussi, dès que revient la date fatidique
Où la junte des mannezingues se syndique
Pour imbiber de furfurol le populo,
Je hisse à mon balcon, — ainsi qu'au bord de l'eau
Quelque tremble où le soir ému se décolore.

Un étendard fait de flanelle tricolore

BALLADE 14 JUILLET

Clairons, trompettes et hautbois,
« Chant du départ » et « Marseillaise »
Beuglent sur le pavé de bois.
Les rousses-cagnes, dans leur fraise,
S'en vont au pourchas de la braise
Près du quai Michel, ce Lido;
Voici le lendemain du treize :
Ça se fête *deguculando*.

Joseph Prudhomme et Pipenbois,
Les gentlemen de la Corrèze,
Ceux du Perche et ceux de l'Artois
Eructent mainte catachrèse
(Au veau l'on reconnaît la fraise !)
Le roussin avec le bedeau
Se convomissent à leur aise :
Ça se fête *degueulando*.

Mais, où donc est la fleur des pois ?
Montesquiou, Péladan, Barrès-e,
Les Bourget et les Dieulafoy
Sollicitant la diurèse ?
Les ceuss qui viennent de Manrèse,
Bloy vociférant son *credo*
Et frère Yves en Navarraise ?
Ça se fête *degueulando*.

ENVOI

Prince, qu'éleva dans Sorrèze
Un moine à tripes de vedeau,
Plus n'est besoin de rime en « rèse » :
Notre joie est combien frrrançaise !
Ça se fête *degueulando*.

UN SOUPER

CHEZ

SIMON LE PHARISIEN

(Conte de Noël).

UN SOUPER
CHEZ SIMON LE PHARISIEN

(CONTE DE NOEL)

A Charles Vignier.

Or, ce soir-là, neuvième du mois de Tebeth, Simon le Pharisien régalait quelques amis dans sa villa des Sycomores. L'assistance était nombreuse, choisie et respectable, composée d'hommes riches et de femmes à qui la durée du putanat rechampissait une virginité. La maison du Pharisien comptait, à bon droit, parmi les merveilles de Jérusalem. Des chevaux de race et des valets sans nombre en faisaient une demeure cossue, majestueuse et adéquate comme il sied à un notable commerçant. L'usure, le proxénétisme, l'attachement aux dogmes religieux immatriculaient Simon entre les plus dignes bourgeois. Ses opinions prépondéraient devant le Sanhédrin. Les vierges impubères n'avaient rien que de favorable à ses désirs. Il recevait les gens de Bourse, les marchands du Désert, les trafiquants nomades. Pour les divertir, il amenait à grands frais des Oulels-Naïls de la Cyrénaïque, des montreurs de singes et des ténors. Il louait parfois des académiciens, afin d'essuyer ses babouches dans leur creux poplité. L'on rencontrait chez lui Sully-Prudhomme, fils de Joseph, qui, sourd, timide et vierge irréductiblement, portait en plein visage, sous forme d'eczéma, sa croix de commandeur. Pierre Loti, dans ses voiles de bayadère, y fréquentait, s'oubliant, parmi les antichambres à causer de trop près avec les larbins noirs. Jean Lorrain y crachotait, en succuse experte des médisances bordelières, de quoi les vieilles dames se pâmaient.

Doncques, pour fêter le solstice d'hiver et l'aube du grand jour annuel, on buvait ferme chez Simon. La salle du festin éclatait de joyaux, d'orfèvreries, de lumières et de vins. Sur une haute estrade, vêtus de costumes bariolés, incommodes et somptueux, des musiciens barbares concertaient doucement. Les sambuques, les violes d'amour et les cymbales qui, jadis, éteignirent la voix d'Orphée, accordaient leurs soupirs aux flûtes adoniques. Sur les crédences mouraient de sombres fleurs, et, des buires violettes, les narcisses, les anémones tombaient en pétales odorants. Plus bas, sur les tables aux nappes de byssus et d'amiante, les fruits, les victuailles s'entassaient : grenades voluptueuses, dattes couleur de miel et raisins d'Engaddi. Les quartiers de chevreaux flanqués de laitues vertes, les pains azymes, les gâteaux saupoudrés de sésame et les fromages, sur un lit de cumin ou de fenouil. Des esclaves aux cheveux nattés offraient, de leurs mains adolescentes, les breuvages illusoires, versaient de haut, en un jet mince, et le vin de Chiraz et les muscats plus lourds qu'aux saisons vendémiaires, apporte de Syrie l'âne robuste et gai.

C'était l'heure où, parmi les odeurs chaudes, le fumet des viandes et l'exhalaison des membres en sueur, une ivresse grandit qui fait les cœurs joyeux et la lèvre confiante. Les convives parlaient tous, d'une voix aiguë et convulsive, aux accords de la symphonie lointaine.

Près du Maitre, les Dignitaires s'étageaient, couverts de rubans, de crachats et de plaques honorifiques, chamarrés d'emblèmes ridicules. C'étaient les virtuoses du faux, les professionnels de l'homicide, les surhumains du crétinisme.

Teintes de fard, d'antimoine et de céruse, avec force chignons couleur de safran ou de henné, les vieilles patriotes contrepointaient leurs gorges blettes de lumineuses pierreries. Bob de Capharnaüm et Lucie de Bethsaïde, la fille du Tanneur, et les saintes femmes du Bal des Vaches montraient, jusques à la ceinture, le faisandé de leurs appas. Mais, sous un dais de pourpre et dominant l'assemblée, une femme vêtue de noir causait avec Arthur Meyer, patricien de Venise. Chacun saluait en elle, avec un respect assaisonné d'admiration, la veuve du martyr, l'héroïne des cent mille francs, la Colonelle Henry.

Drumont, sous la robe verte et jaune dont Véronèse peignit la brocatelle ; François Coppée, en velours de Gênes (tramé coton) ; Déroulède en fustanelle tricolore, et Barrès avec de véritables fausses dents se groupaient, faisaient apothéose, cependant que Judet Iscariote arborait, non sans quelque emphase, son costume d'égoutier.

« Moi, disait Coppée, je suivis, tout enfant, le régiment qui passe. Ma jeunesse verdoya d'amours ancillaires, tout comme un pot de basilic. Sans effort préalable, je devins bête à manger du foin. Le basilic est mort, le foin est desséché, la fleur de ma jeunesse est caduque : mais la bêtise qu'on me voit permane dans l'éternité.

— Vive l'armée ! exclama Déroulède.

— A bas les juifs ! hurla Gaston Méry, que Possien, ignoblement ivre, chavirait dans les bras de Pollonnois, par le seul faguenas de sa malebouche pestilente.

— La chère est délectable, notifiait le marquis de Vascagat, redressant d'une main fébrile son toupet légendaire ; ce poisson, notamment, vous savez bien, mon cher Régis, le machin au bleu était si culinaire que je me suis cru, le mangeant, à ma table de famille.

Ah ! ce ne sont pas les dreyfusards, les vidangeurs syndicataires ni l'anarchiste Pressensé qui offrent à leurs amis de tels régals !

— Voilà qui est parlé, mon benoît collègue, approuva, ruisselant de graisse, le Jésuite Drumont. Sur sa barbe. le vin de cinname coulait pêle-mêle avec l'huile de roses, noyant sous un flot de parfums les insectes coutumiers. — Entre nous, cependant, la chose manque de gaité. Le maitre du logis aurait dû préparer quelque assassi-

8

nat un peu folâtre et des négociants paisibles à égorger, pour le dessert.

Mais l'oraison du sociologue s'éteignit dans un hourvari formidable. Parmi les coupes brisées et les sauces épandues, quelques antisémites à poigne maîtrisaient Alphonse Humbert, écumant, furieux, épileptique, pour ce que Barrès venait de lui refuser cinquante centimes qu'il cherchait à emprunter. Celui-ci, très calme, fourrait dans sa poche les cigares à trois francs et les mégots entamés pour n'avoir pas à dépendre, le lendemain, chez son marchand de tabac.

Soudain, un roulement de voiture se fit ouïr, puis une voix de femme chevrotant sur un air connu :

> Arrête, cocher
> J'ai mes trois cheveux pris dans la portière
> Arrête, cocher,
> J'ai mes quatre dents sous le marchepied.

Et chacun reconnut là que c'était Marie-Anne de Keroubim, la vengeresse de l'Armée, la pucelle cocardière aux farouches boniments. Elle entra, comme Alcibiade au banquet d'Agathon, et, négligeant, cette fois, de baiser ses compagnes à la bouche, fut poser sa couronne sur le front de Déroulède qui, malgré l'héroïsme qu'on lui sait, bondit épouvanté. Des membres de la Ligue préservèrent sa retraite et Marie-Anne, un peu confuse, tendit ses violettes à Drumont qui, du moins, pour la laideur, commémorait Socrate.

— Tout ça n'est pas chouette pour deux cigues, réitéra Peau-de-Requin, en vidant son petit verre de coca Marinoni. Ces gens-là sont trop poires. Ils font pallas et dix de gueule ; c'est marrant quand on est, comme eux et moi, fils de putain, putain soi-même, forçat ou maquereau. D'ailleurs, la viande *kasher* me donne envie d'aller au refile.

Ah ! nous aurions besoin d'un beau jeune homme pour en faire notre dieu et « l'aimer comme papa. » Ainsi chantais-je à Saint-Lazare ! Mais le truc du Nazaréen — un joli mec cependant — choit dans la mélasse. Il ne fait même plus rouspéter les flicks. J'ai vu, aux *Quat'-z-Arts* et ailleurs, le pante Jehan Rictus, un loupiot à l'œil jambonnique. Il affiure des pépètes en faisant Jésus-Christ avec les interjections de Bruant et les mots de Richepin. Il la relève en tombant les vieilles Madeleines ; on le loue comme un fiacre, chez les passionnées en retraite. Il fait la monte pour un larantqué et console, à juste prix, les ventres quinquagénaires, tant la profession de Jésus, à présent, est décharde. Vrai, c'est un bon Dieu qui n'est pas fiérot.

— Vive l'armée ! appuya Déroulède.

— A bas les Juifs ! opina Drumont.

-- Crevons Reinach ! dit un souscripteur de la Liste.

— Vous n'aurez pas l'Alsace et la Lorraine, proféra Millevoye.

Pendant ce temps, Humbert, ayant trouvé prêteur, libellait un effet à quatre-vingt-dix jours pour l'Ethiopien de service. Dans la pénombre discrète, Lucie de Bethsaide susurrait à Madame de Capharnaüm ces exclamations melliflues que l'oreille ne perçoit pas.

Alors une draperie s'écarta, révélant un paysage de nuit crépusculaire, de bois d'oliviers et de lauriers en fleurs. Dans une buée lumineuse, le Galiléen se montra, tenant son cœur rougeâtre ainsi qu'un massepain. Il porta sur les convives une dextre de lumière, et, joyeux de leur union, les bénit avec douceur.

— Chrétiens, mes serviteurs et mon lignage, leur

dit-il, j'ai fait pour vous des œuvres sans secondes. Je vous ai permis de garder vos membranes et de vous emplir de charcuterie. Vous avez brûlé le Sérapéum de Memphis. Vous avez émietté, dans les fours à chaux, les dieux tutélaires d'Athènes. Vos moines ont, sous l'orteil de leurs pieds sales, écrasé la Raison. Vous avez cuit Savonarole et tourmenté Galilée. Vous avez léché le crottin de Bonaparte, larronné la Révolution française, restauré les jésuites et conquis M. Brunetière à vos desseins. Je suis content de vous ! Après deux mille ans, je veux encore vous bénir et vous récompenser. J'abolis, en votre faveur, les derniers scrupules qui prohibaient le larcin, le meurtre ou l'imposture. Vous ayant donné l'Affaire, je maintiens d'autres présents : mon nègre Cassagnac, la veuve du Faussaire, Jules Guérin l'assommeur et Max Régis l'estafier. Pour une longue suite d'ans, je vous concède Barrès, Drumont et Flamidien. »

A ces mots, la foule, reconnaissant combien il était dieu, se rua aux genoux du Visiteur. Plus rapide que l'onagre, Marie-Anne de Kéroubim inonda ses pieds d'Eau de Cologne et, d'un geste fanatique, les frotta de ses cheveux.

— Merci bien, dit Jésus en l'écartant, mais ils sont par trop rares. Je n'aime point l'humidité, craignant les rhumes de cerveau. Et, d'un geste amical, il offrit ses orteils divins à la séduisante Capharnaüm qui les torcha, non sans élégance, dans le dernier numéro de la *Libre Parole*.

LES MAGES AU BERCEAU

(CONTE POUR LE JOUR DES ROIS)

A mon cher maître, Jacques de Boisjolin.

En ce temps-là Jésus continuait à naître depuis dix-neuf cents années. Sur le chemin de son étable, des andouilles par monceaux et des tripes en charnage, et des lampions versicolores manifestaient la dévotion catholique. Par un miracle inouï, portenteux et spectaculaire, une allégresse frénétique s'emparait du monde civilisé, avec la rigueur d'une échéance et l'ébriété d'un carnaval. C'était plus drôle que Gauthier-Villars faisant des calembours sur Beethoven, plus hilarant que Gyp, reprochant à Israël d'avoir le nez tortu.

Par les chemins durcis de glace et les bois aux pendentifs

de givre, sous les sapins à la barbe de frimas, les Gentils pérégrinaient vers Bethléem, car chacun sait qu'en Judée, on ne voit, en décembre, ni glace, ni frimas.

L'étable où reposait l'Enfant était cossue, majestueuse et balayée. Un bondieusard de la rue Saint-Sulpice en avait fomenté l'architecture et, pour la garnir de foin bien chaud, M. Coppée avait jeûné longtemps. Des ornements d'un goût saumâtre, où le genre parfumeur et le style chemisier s'épanouissaient à l'aise, accommodaient en pralines le crottin des animaux, posaient sur le nouveau-né d'atroces baldaquins. Joseph de Rochefort-Luçay, en robe canari, tenait la porte ouverte, accueillait d'un bon sourire les michetons de son auguste Épouse. Personne d'ailleurs n'en eût osé médire, car, d'après une ordonnance chère aux Pharisiens, offenser en paroles un ménage modèle, ainsi que ses beaux-frères, coûte au délinquant trois milles shikles d'or.

Ainsi, les visiteurs éprouvaient, en ce lieu, des sensations charmantes. A condition qu'ils apportassent quelque chose, les plus bêtes, les plus sales et les plus vils accrochaient un sourire de la jeune Mère avec l'effusive étreinte du Charpentier. Derrière lui, broutant l'avoine ou l'épeau tre, le bœuf et l'âne rivalisaient de distinction. En effet, pour éviter les cacades inhérentes à ces quadrupèdes, l'on avait substitué, au ruminant, M. Mézières, au solipède, Jean Rameau. Député juif, larbin antisémite de l'Etat-Major, Mézières somnolait à plat ventre, mâchonnant de confuses onomatopées. Son mufle, par une combinaison gracieuse, rappelait à la fois le P. Dulac au museau de fouine, le P. Didon à la tête de veau. Pour Jean Labegthe, il hennissait, renâclait, pétaradait, connaissant que la *Prose de l'Ane* fut spécialement harmonisée pour lui.

Ce Rameau peu ordinaire,
Clopinant tout de guingois,
Réconforte le *Gaulois*,
De sa vigueur asinaire.

Eh! sire Rameau, chantez,
Car belles bouches avez,
Aurez de la paille assez
Et des orges a planté. Hi han!

Les pasteurs du voisinage, accourus en foule, contribuaient par maintes viandes hétéroclites au réveillon de Bethléem: grives, dindes aux marrons, poitrines de vieilles dames.

plus 3 francs 75 que la *Bonne Souffrance* valut, jusqu'à présent, à son éditeur. Les uns couverts de peau de bête, comme Jean le Baptiste, d'aucuns portant limousine tricolore, vociféraient en chœur, sans nul souci du ton ou de la mesure, un Noël plein d'ingénuité. Et c'était Joris-Karl Haysmans, remarquable par ses cathédrales en bouchon, et le jeune Thiébaut luisant de gras-fondu; Paul Bourget, habile à couper les chats en quatre et Brunetière éleveur de sangsues doctrinaires; Sorel qui n'a rien de commun avec Agnès du même nom que son béguin pour la maison de France, et Thureau-Dangin, sans rival pour les cataplasmes historiques et le style invertébré; Lavedan, cavalcadour ès bidets; Jean Lorsain, pasteur d'étalons, peu goûté dans les vélodromes (à cause qu'il n'encourage que les cyclistes à long développement). Barrès, vierge comme Abélard, offrait quelques ureus dans le cabas qui servait, jadis, à madame sa mère pour accomplir son marché, cependant qu'un rég ment de vieilles ducailles : les Broglie, les Audiffret-Pasquier et autres seigneurs sans orthographe décoraient, à la façon de magots, les coins sombres du local.

Soudain, une musique retentit, lointaine, d'abord, puis

furieuse, immédiate et déchaînée : cymbales, trompettes, fifres suraigus. Des coureurs frottés d'huile, des eunuques en robe verte, des cornacs aux manteaux d'hyacinthe cramoisie, des soldats aux chevelures empennées s'agitaient secouant mille flambeaux autour des palanquins et des bêtes de somme. Des éléphants imbriqués de verroteries, de plaques métalliques et de housses diaprées; des onagres au pelage de tigre avançaient parmi la foule. On eût dit, çà et là, de pesants navires sur une mer où le col sinueux des girafes et la bosse des dromadaires faisaient, par place, ondoyer quelques remous. Un héraut à dalmatique d'or, chargé de bracelets et de pendants d'oreilles, vociféra, dans un buccin de cuivre, son altière fanfare, apprenant aux quatre vents du ciel que les Rois Mages en personne daignaient perambuler à travers la nuit. Dans le ciel de velours noir éclaboussé de gemmes, une étoile insolite brillait sur le cortège. Ses feux multiples irradiaient, bleus comme le saphir, vineux comme le rubis, troubles comme l'opale, aveuglants comme l'escarboucle, limpides comme le diamant

Bientôt les augustes cavaliers mirent pied à terre, car la fantastique étoile, pareille à un serpenteau mat dirigé, abattait son vol de flamme sur le toit néo-pignouf de la crèche où Rameau ne cessait de braire des cantiques.

Les Mages entrèrent, annoncés par Joseph et conduits par Arthur, chambellan de toutes les Majestés, profès en belles manières, pilote ancien de Blanche d'Antigny et Palinure habituel sur les trirèmes du désert. Et les rois saluèrent l'Enfant Dieu qu'ils reconnurent de suite pour l'avoir fréquenté dans leurs églises, dans leurs pays respectifs. Melchior, roi nègre, de la nuance Jean Aicard, le prit ingénument pour Horus sur les genoux d'Isis ; Balthazar, le jaune touranien, crut revoir Ninus bercé par la grande Sémiramis, tandis que Gaspard, curieux bouddhiste, saluait à la fois, dans cet enfant, les parthénogénèses de Krischna et de Çakia-Mouni.

Seigneur, dit Melchior, en déposant un couffin de résine aux pieds du Nouveau-Né, je t'apporte l'encens agréable aux narines des dieux. L'idole Mama-Jumbo, tous les fétiches, tous les grisgris se résument en toi. Nous faisons cuire dans l'eau bouillante nos prisonniers de guerre, nous offrons le sang des beaux jeunes hommes aux larves des aïeux. Tu syncretises l'ignominie dévote : nos cultes féroces ou idiots, tu les perpétueras dans le crime et la stupidité. Salut, dernier Christ de la bêtise humaine ! Maître des cœurs tremblants et des fronts aplatis, Dieu des bûchers, du Sacré-Cœur et des Pères de Lourdes, je vénère en toi maints siècles de cannibalisme ou d'abrutissement. Je t'asservirai mes peuples, je t'approvisionnerai d'inquisiteurs. Voici Drumont le cambrioleur et le boucher Cassagnac, mulâtre baptisé. Salut à toi, Jésus !

— Pour voler cette pécune, dit Balthazar, en faisant rouler sur les dalles pièces et lingots d'or, mes Tatars ont dévasté la plaine, incendié les maisons et saccagé les forteresses. Au galop de nos chevaux, la terre frémissait, les astres tombaient des cieux. Mes fils travailleront pour toi, depuis Attila, maître des Huns, jusqu'à Napoléon, le bandit corse, voleur de consciences et cambrioleur de cités. La souillure militaire dégradera, pour te les soumettre, les races libres et fières, empoisonnera de chancres irréductibles les esprits et les corps. Mes casernes protégeront tes cathédrales, et tes couvents, et tes gymnases. Le sabre de mes pandours favorisera les déprédations de tes ministres. D'un commun accord, nous installerons dans le monde la bassesse, la couardise et la terreur ; nous jetterons la nuit sur l'humaine pensée ; nous truciderons les innocents. Tu seras le fils du Sabaoth, mon inspirateur et mon esclave. Salut à toi, Dieu profitable, Dieu des faussaires et des armées !

— Moi, Seigneur, dit Gaspard, découvrant à demi un vase d'or précieusement chargé de baroques ciselures, je n'offre pas grand'chose à Votre Majesté. C'est la myrrhe des funérailles, gardée en une coupe d'or, comme ces larmes brillantes que la fille incestueuse épandit sur Gingras. Je vous ai rencontré dans les fables de mon pays, lorsque, au lieu du nom que, plus tard, égayera le vaudeville, je portais celui de Gatha-Spaça, le pénétrant, et qu'un rayon d'Indra éclairait mon génie. Vous êtes venu tard après l'Inde fabuleuse et la Perse héroïque et les amphyctionies d'Hellas. La beauté des Dieux s'est retirée du monde : mais, pour inoculer aux âges postérieurs ce que leurs prêtres ont d'avarice et d'inhumaine turpitude, nul ne l'emportera sur votre règne.

Mes descendants, épris de connaître et de penser, auront, en vous, leur plus cruel ennemi. Par le poison, par le bûcher, par le mensonge, vous étoufferez de votre mieux l'intelligence humaine et, sacrilèges thuriféraires, les bedeaux encenseront votre ciel de nos livres consumés. Dieu des lâches, des ignorants et des malades, Agneau cannibale des autels futurs, en attendant que la myrrhe embaume ton cadavre, salut à toi, Jésus!

Ayant ainsi conféré, les Mages quittèrent l'étable au grand contentement de Jean Rameau qui, sur-le-champ reprit une cantate de formidable longueur. Marie-Anne de Keroubim, ayant brisé sa dent mâchelière contre la fève d'un gâteau, l'interrompait de cris aigus.

Mais au dehors les esclaves se lamentaient et, pour assembler les équipages, leurs maitres les appelaient en vain. L'étoile aux feux changeants avait disparu du ciel. Tout en haut, dans le pâle azur, brillait seul un feu rose que l'aube éteignait déjà.

— Cette flamme que tu vois, dit Gâtha-Spaça au nègre tremblant, c'est l'étoile permanente de la destinée humaine, étoile, qui survivra aux flambeaux mensongers des rites évanouis. Astre de la volupté, lorsque tombe le soir, elle est, à l'aurore, annonciatrice du travail. Le rossignol la salue d'une plainte amoureuse, dans les crépuscules embaumés; l'alouette, au matin, lui darde sa chanson. Elle guide, sur les flots, l'audace du nautonnier.

symbole de la raison éternelle et du labeur fécond et de l'Amour, seul Rédempteur.

A ces mots, le Prince jaune et le Monarque nègre se séparèrent du Mage indien avec horreur, chacun s'en allant, par des routes différentes, vaquer à son métier de potentat.

ENTRE SOUTANES

C*'est à l'institut* Notre-Dame-de-la-Treille, *dans la salle haute où les frères des écoles chrétiennes inculquent aux éphèbes le goût de la prose française et les lois de l'inversion. Un lit sordide occupe le milieu de la pièce avec maints fauteuils et chaises éculés. Des instruments de pédagogie : férules, martinets, sont appendus aux murs entre des crucifix où les plâtriers de la rue Saint-Sulpice ont incarné l'idéal de laideur inhérent aux personnes pieuses. Un autre Jésus-Christ, posé sur le poêle à rôtir les fesses des gamines, s'arrache un cœur incandescent d'une poitrine de nougat. Dans un coin, plusieurs malles de différentes pointures attendent les cadavres en* *disponibilité. Côte à côte, sur le pied du lit, M.* Flamidien, *rédacteur en chef à la* Revue des Deux-Mondes, *et le F.* Brunetière, *ignorantin, devisent familièrement. Des toiles d'araignées grelottent en haut des plinthes, comme dans le* Frisson *de Mallarmé.*

Flamidien. — Convenez-en, monsieur Brunetière, vous avez manqué d'estomac. Vous avez mal à propos cédé à la crainte des francs-maçons, des libres-penseurs, des athées, des impies, des socialistes et autres juifs. Il fallait faire cette conférence que le bruit suscité par la mort de mon petit amant arrêta de manière inopportune. Il fallait montrer aux âmes irréligieuses l'accord de la Science et des bonnes mœurs qui font l'ornement de la très sainte Eglise catholique en général et de l'Institut du bienheureux La Salle en particulier. Mais voilà : malgré vos bonnes intentions, malgré votre haine de toute liberté, de toute indépendance, il vous manque un peu de cette mâle vigueur si largement dévolue à notre institution. En un mot comme en dix, vous avez eu la trouille.

Votre organisme se ressent de l'opium élaboré par vous en d'innombrables articles.

L'habitude fâcheuse de prendre des bains a retiré de

votre personne le meilleur de sa vertu. Vous n'avez pas, si je l'ose dire, de ceinture aux flancs, tandis que la plupart de nos frères, comme Jean Lorrain, en portent volontiers deux paires plutôt qu'une. Funeste effet des accointances mondaines et de la familiarité des princesses! Dans nos saintes demeures où ne respire que l'amour de Dieu, la charité envers ses créatures ; où la savate de humilité, le moutardier de pénitence ouvrent l'intellect des jeunes enfants aux bienheureuses amours, de pareils accidents ne se produisent jamais.

Nous avons les ongles noirs, l'haleine fétide et le pied caséeux. Nous nous distinguons du commun des hommes par l'énormité de nos épaules, sans compter le reste. Mais doués, comme l'on nous voit, de ces fortes qualités, nous dédaignons, en même temps, les bienséances et l'hydrothérapie. Nous exhibons avec sérénité, devant la foule, tous les dons que le ciel, dans son infinie miséricorde, a bien voulu nous impartir.

Vous auriez dû faire cette conférence. Vous avez déjà rendu à notre Sainte Mère Eglise d'inappréciables services. Il n'a pas tenu à nous que l'esprit d'investigation démuselé par les Encyclopédistes et cet infâme Voltaire ne fût à jamais détroné. Sous votre direction — ah ! combien orthodoxe ! la Science ne tarderait pas à redevenir cette prêtresse aux voiles flottants imaginée par M. de Maistre. Car vous abominez presque autant que l'auteur du *Pape*, l'ignoble Science moderne qui travaille et se conforme au plan du monde.

Mais, quels que soient vos mérites passés, il convenait vous affirmer itérativement à l'heure du péril, de donner ce nouveau gage de vos sentiments à la Chaire de Pierre et au Clergé National.

Brunetière. — Parmi toutes les vanités du monde, il n'est rien de si désobligeant que payer de sa personne et j'ai appris de Vascagat que ces bons Pères de la Compagnie marchent environnés de tant d'astuce que ceux qui les accompagnent sont obligés de tirer, à leur place, les marrons du feu, de peur que, s'échaudant les doigts, ils ne rendent enfin un si déplorable hommage à la condition humaine. Elevé comme je fus dans leurs disciplines, il ne conviendrait pas que je m'écartasse du principal de cet enseignement, ni que j'exposasse, en ma personne, un de leurs plus fermes défenseurs.

Je suis à peu près le seul intellectuel qui leur demeure

attaché ; car Déroulède, saisi par la gloire des armes, Thiébaud par l'éloquence tribunitienne et Coppée, le « parnassien de première classe, » par la manutention des drogues nationales, défèrent à l'éclat trompeur du siècle, à l'orgueil de voir leurs noms cités dans les papiers publics. Ce sont de plats gredins. Mais qu'importe la canaillerie sans la grâce du Très-Haut ? Fussiez-vous disert comme Millevoye, brave comme Rochefort, probe comme Judet, noble comme Possien, joli comme Vervoort, cocu comme Barrès, vous n'êtes rien sans la grâce : *sine gratia nihil.*

Et maintenant, quittons un peu la langue de Bossuet.

Pensez-vous que, pour vos beaux yeux, j'aille exposer ma personne au sifflet des viles multitudes ? Je n'ai pas besoin du cachet dérisoire que me promettent les habitants de Lille, ayant trouvé, dans la réaction, mainte aubaine profitable. Et puis, voyez-vous, mon très cher frère, j'estime, *sub rosa*, que vous allâtes un peu loin. Non que je blâme en aucune sorte le viol des petits enfants qui, d'une manière indiscutable et véhémente, confirme les privilèges de l'Eglise. Mais pousser jusqu'à l'homicide, voilà qui me semble exagéré. A moins que vous n'ayez le sadisme pour excuse. De tout temps, les communautés religieuses eurent le secret de breuvages stupéfiants qui troublent la mémoire et la raison, juste assez pour pouvoir nier, si la victime a le mauvais goût de se plaindre. Le père Girard en usait avec la Cadière. A son exemple, tous les confesseurs préviennent ainsi la mauvaise humeur des virginités récalcitrantes.

Flamidien. — Mais, par la Saint-Sangrebois! imaginez-vous, mon cher monsieur, que je l'ai chouriné, pour mon plaisir, ce cher petit Foveau que j'aimais tant! Ah! si vous aviez vu comme il était mignon, premier que les libres-penseurs m'eussent contraint de lui scier la gorge. Que de pures délices nous goûtâmes ensemble et comme il vibrait sous mes caresses, le cher violon. Mais la peur des anarchistes m'a fait égorgiller bien doucettement ce bardache infortuné, au grand contentement de sa famille qui n'eut rien de si pressé que de rendre sa dépouille à mes confrères de la paroisse. Preuve incontestable que la Providence est avec nous. Vous seul, monsieur, nous avez fait défaut.

Brunetière. — Décidément, très cher frère, vous manquez un peu d'idées générales. Ce sont les présidents de la Ligue si éminemment française (où les noms de

Massimilano Régis et de l'antisémite Trois-Lunes et du général Vers les Tilleuls, unissent les patronymes autochtones de Zurlinden et de Trémund) qui m'enjoignirent cette cacade.

Nous avons bien autre chose à faire que de sauver un coupable, que de mettre à mal le premier honnête homme venu. Vos frères suffisent amplement à cette besogne. Quant à nous, entrepreneurs de faux, de vols et d'incendies, nous incarcérons les braves gens par fournées. Un innocent nous incommode : aussitôt nous l'expédions à Cayenne, priant M. Rochefort de le vitupérer chaque matin. La France a commis, hier, le crime de nommer Président de la République un républicain. Mes bons amis : Jules Guérin, les souteneurs de la Villette, les escarpes de la rue Saint-Dominique et les bedeaux de l'archevêché vont faire payer cher sa magistrature à celui qu'ils nomment déjà Panama Ier. Toute une glorieuse campagne d'insurrection, de mensonges, de calomnies et de lâchetés nous ouvre sa carrière. La rue abominable, féroce et pusillanime hurle par la bouche de tous ses voyous. Nous devons, cher frère, nous réserver pour la Croisade sainte des intérêts matériels que défendent les Deux Glaives.

---

pour la prise d'armes, pour les holocaustes que le Sabre et le Goupillon fomentent au nom de la Propriété.

Flamidien. — J'accède à vos raisons et m'incline devant cette logique. *Amen!* Quelles que soient les révolutions, les tourmentes populaires, l'Eglise sauvera son enjeu. Le frère Flamidien aura son pain cuit. Je trouverai toujours quelques mères chrétiennes pour me confier l'éducation de leurs enfants. A présent, un seul mot et je me tais. Entre nous, le plus escarpe des deux n'est pas celui qu'on pense. J'aime encore mieux vivre dans la peau de Flamidien que dans la vôtre, Monsieur Brunetière, instigateur de canailleries vertueuses, d'assassinats patriotiques et d'abrutissement national.

20 février 1899.

NOTES
ET ADDITIONS

NOTES
ET ADDITIONS

Page 17 : . . . . *Dieu donne*
Quelques dents à Barrès . . . .

Le joli garçon que la Boulange enfourna dans le Nationalisme ; le dandie copain de Millevoye et porte-coton de Déroulède ; le Sganarelle de la rue Caroline, ami de Wyzéva et cunilingue de toute personne en vue ; le quadragénaire aux chicots mal odorants, Barrès enfin, puisqu'il faut l'appeler par son nom, s'est avisé récemment d'une manœuvre près de quoi la déglutition des étoupes enflammées n'est que petite bière et fruit de la Saint-Jean.

Le monde regorge d'éclopés. Les uns borgnes, les autres bancals. D'autres qui, rétrécis, comme Pappahydrargiropoulos, consument leurs heures lentes au fond de tes lavacres, marquis de Rambuteau ! Quand il veut ouïr, — Maurras, tel qu'un mal blanc, présente sa narine d'où suinte maint faguenas : car, à l'imitation des fleurs, il expire d'étranges aromates : benjoin, civette et petit musc.

Barrès, le secoué de Bérénice, fait voir une autre spécificité. Cela est plus ostensif, plus gênant aussi que les bobos même répugnants. C'est le chancre huntérien, la pelade irrémissible d'un esprit voué par définition à la niaiserie autant qu'à la bassesse. Barrès est incommodé par la fièvre électorale, intoxiqué de manie politique. Il chahute, devant les urnes une pastourelle de Saint-Guy, débistroquant son échine en porte-manteau et faisant trêve, pour un jour, à l'incomparable ladrerie dont le sort le blasonna. Pour s'asseoir entre Drumont et Déroulède, il humerait des flots de boue ; on le verrait lamper — tel un chocolat magnanime — les plus nidoreuses déjections. Naturellement, son âme de chiffonnier vole aux tas d'ordures et telle est son aristocratie native qu'il y trouve fréquemment un rogaton, pour ses dents à pivots.

Une réclame d'éditeur nous a dévoilé sa plus récente vilenie. C'est sur la tombe de Guaita, close depuis près d'une année, qu'il vient d'exécuter la parade en question. Compagnons d'études au lycée de Nancy, Barrès et le pauvre Stanislas avaient entre eux un abîme infranchissable à la province. Envieux déjà, Barrès ne voyait point sans jaunisse l'héritier du marquis de Guaita frayer dans un monde où lui, marjolet sorti d'une maison infime en bourgeoisie, n'était admis que par dédaigneuse faveur. Guaita, généreux et débonnaire, comblait gracieusement le fossé. Mais son haineux condisciple n'en verdissait pas moins de rage contenue. Il le lui fit bien voir aux heures où Guaita, confiant dans les souvenirs de jeunesse, voulut obtenir quelques bons offices de la plus banale catégorie : communication aux journaux, assistance dans les duels. Barrès refusait net, de cet air godiche et emprunté qui le caractérise.

A présent,il bat la caisse et prend orgueil de l'occultiste mort. Ceux qui aimèrent Guaita ont lieu de s'étonner. Barrès fréquentait peu chez ce parfait gentleman. Son manque de tenue aurait mis quelque froid. Devant les amies de Guaita, le délicieux auteur d'*Un homme libre* se vautrait dans les fauteuils et posait sur la cheminée ses pieds interminables, au point qu'on oublia toujours de le convier aux symposium cabalistiques de l'avenue Trudaine.

Mais, voilà que, neuf mois (le temps de perpétrer un gosse), après la fin douloureuse de son compagnon d'enfance, il lui consacre une émotion rétrospective, le filandreux honneur d'une chronique étoupeuse et bondieusarde. Etrange, n'est-ce pas ? comme dit Vascagat, suzerain des vieilles bêtes. Etrange ! pas le moins du monde.

Ayant donné tous les gages de servilisme que peut fournir un pied plat de sa sorte ; ayant emboîté le pas au « général de cirque » et ramassé le crottin des vivelarmées, Barrès escompte déjà, pour sa future veste, le bon vouloir de l'aristocratie nancéenne. A ces causes, il flagorne les Guaita. Il retrouve les phrases dont, la veille d'*Une journée parlementaire*, il pourlécha Sarcey, « esprit net et judicieux ».

Il orne ces obsèques rétrospectives de courbettes aplaties, et, sur le tombeau même de celui que, par convenance ou pudeur, il devrait oublier, prostitue jusqu'au souvenir à ses ambitions de cuistre, à ses ambitions de misérable cancre, de gredin politique et de grimaud lettré.

Page 32 : *Voilà donc quels vengeurs s'arment pour la querelle !*

— Ce n'est pas sans motif que l'on se fait syndicataire, palabra mon ami l'esthète Purazur, mâchonnant son neuvième cigare à la porte du café.

Autour de nous Paris s'abêtissait devant la bière de mars et le bouillon d'onze heures, jetant de la fumée en proférant des sentences négligeables. Comme j'acquiesçais d'un air à la fois entendu et somnolent, il érigea, dans la buée aromatique, un poing démonstrateur. — C'est, dit-il, une question d'heure et de tempérament. Au lendemain de la dégradation, vinrent à nous les premiers dreyfusards sur une poussée d'égo-altruisme propre à leur faire honneur. Quoi ! n'était-ce pas assez d'avoir infligé à l'innocent une telle misère ? Fallait-il qu'un Talmeyr déchargeât sur lui son catarrhe et qu'Arthur Meyer lui lançât au visage le pied malpropre de ses bidets ? Plus d'une femme en repartit, émue, l'entendant crier : Vive la France ! » et plusieurs, hostiles au début, ne savaient que penser en revenant chez soi.

D'aucuns, mus par l'honnêteté du vieillard Scheurer,

se firent une conviction indéracinable. Huguenots et doctrinaires, ils suivent les comportements de ces martyrs qu'Agrippa mit en vers.

Puis ce furent les savants qui cherchent à comprendre. L'Ecole des Chartes, l'Académie des Sciences, les laboratoires de chimie nous valurent ces intellectuels disciplinés aux méthodes rigoureuses. Ils ont cherché et trouvé, en cherchant, la vérité. Ils démasquèrent Esterhazy le vieux galantin et le faussaire, cosmétiqué de noir depuis l'âme jusqu'au toupet.

Survint Zola, survint la généreuse diatribe « *J'accuse* ». Devant ces mots de flammes, les artistes, les rêveurs se sont dressés, les uns pour la beauté de l'œuvre, d'autres pour son audace, tous, enivrés du souffle véhément qui gonfle ces pages immortelles. »

J'en connais qui se rallièrent par hygiène. Ceux-là craignent l'odeur du ruisseau et la vase du *Jour*. Ils trouvent Possien trop ignoble, Déroulède imbécile, Drumont anthropophage et torcheculatif notre vieil « Oison d'or ». Le Beau-frère les incommode, Millevoye les écœure. Ils redoutent ces boueux dont la plume époussette l'égout et récure le charnier. Toutes les crapules hors d'âge prennent leurs invalides en ces papiers qu'ils font, du cannibale Guérin au père Vascagat. Ainsi est-on dreyfusard par élégance, loin des clairières maudites où les vieilles patriotes, Gyp, Bovet ou Lucie Faure marmitonnent la cuisine du drapeau.

Votre camarade Tybalt prend ses raisons de la Bible italique dont il fait — c'est Ledrain qui l'atteste — son livre de chevet : *Exortum est in tenebris lumen rectis*, dit-il avec cette émotion véhémente que vous lui connaissez.

Il faut, en outre, recenser les gens qui, mystifiés d'abord, se targuaient de clairvoyance. La déposition des experts les éclaira. La tenue des officiers dégoûta les personnes bien apprises. Tels ont frémi à la pensée de Cavaignac dictateur. Le suicide obligatoire d'Henry ouvrit les yeux du plus grand nombre. L'ignominie antisémite fit le reste. Je ne parle point du Syndicat, ne l'ayant jamais rencontré dans mes caravanes, de quoi vous me voyez tout à fait marri.

Son regard s'éplora vers le hanap quasi étanche. Il vida la coupe de houblon, rêva, puis brusquement :

— Et vous, dit-il, comment l'êtes-vous devenu ? — Moi !

C'est bien simple. Je le suis du moment où je connus que Barrès avait pris du service dans le camp opposé. »

Page 42 : *Villanelle.*

Si j'avais l'honneur de fréquenter avec M. Vervoort, je m'affublerais sur-le-champ d'un scaphandre. Plongeant, comme Aristée, dans les humides royaumes, j'aborderais le candidat icthyomorphe des Grandes-Carrières et lui dirais ceci :

— Vervoort, mon cher ami, vous fûtes heureux, jusqu'à présent, comme un poisson dans l'eau (c'est le terme propre). La Fortune, qui aime les audacieux, accumula, sur votre dos couleur d'espoir, les meilleurs de ses dons.

Fils d'un gratte-papier à la mairie du Sixième, vous connûtes, dès le foyer, d'inappréciables avantages : une famille sans préjugés, une sœur laborieuse et dévouée à son grand frère, tout ce qui crée, ici-bas, le bonheur domestique, et la richesse, et l'éclat social. Votre règle de vie fut immuable, dès la première barbe. Il ne fallait, pour l'inventer, la lecture de Kant ni celle de Hegel. L'*ascèse* n'en impliquait pas le moindre effort ; le programme en pourrait tenir dans un couplet seul d'Aristide Bruant :

Ma sœur est avec Eloi
Dont la sœur est avec moi.
Chaque soir, je la refile,
A Belleville ;
Comm'ça j'gagne pas mal d'braise :
Mon beau-frère en gagne autant
Qui refile ma sœur Therèse,
A Ménilmontant.

De plus, comme le sort vous a traité en enfant chéri, ce n'est pas dans les quartiers marécageux du Père-Lachaise que vous « refilez » mais dans le *Jour*, trottoir aussi bien famé que le Casino de Paris, avec, pour beau-frère, non pas un Eloi quelconque, mais bien le marquis lui-même, Henri de Rochefort-Luçay.

Moitié chantage, moitié escroquerie, vous passâtes confortablement les dix années tumultueuses de la jeunesse, buvant frais, mangeant du meilleur et délectant vos reins pour un juste salaire. Vous atteignez à présent, s'il en faut croire vos affiches, la trente-quatrième année, point culminant de la vie humaine ; vous avez, pour parler comme une danseuse de mes amies, « *l'aze dou bon Diou* ».

Eh bien, souffrez qu'on vous le die, vous manquez, dans cet instant climatérique, de mesure et d'intuition. Est-ce votre gloire pendant l'affaire Zola qui vous grise de la sorte, les poignées de mains de l'Etat-Major ou bien l'odeur exhalée par le dernier chicot de « *l'Homme Libre* » ? Toujours est-il que vous déviez quelque peu de cette conduite miraculeuse qui fit de vous un estafier si magistral. Quelle tarentule vous a mordu que vous affrontiez ainsi les pugilats électoraux et quittiez votre bain de beurre pour les gravats de la terre ferme ? L'ovation que vous ont faite, dimanche, les électeurs montmartrois aura, sans doute, éclairé votre esprit et dessillé vos yeux.

Vous comprendrez combien dangereuse l'illusion qui vous tient de ne distinguer pas les fonctions d'avec les filles publiques, de se croire idoine aux unes parce que l'on a séché le bas des autres. Donc, revenez à vos chères études que ne déséquilibre aucune préoccupation d'intellectualité ; car vous n'êtes pas de ceux qui perdent leur temps à Bayreuth, dans les musées ou dans les bibliothèques. Préservez avec soin Mademoiselle votre peau des horions et des amendes fluviatiles. Gardez que nulle avarie n'entame un capital si précieux.

Vos affiches tricolores donnent au pont Caulaincourt un faux air de porcelaine, divertissent, depuis assez longtemps, les macchabées du cimetière. Voici l'heure de suspendre les frais et d'assumer derechef votre nuance quidditive. L'azur seul, mon cher Vervoort, l'azur et l'outre-mer glacés d'un peu de rose avec beaucoup d'argent, d'après la formule que donnent ceux de Dieppe, les plus généralement estimés

---

Page 44 : *Villanelle.*

M. Vervoort, candidat ichtyomorphe, en même temps que journaliste pisciforme, nous procure aujourd'hui l'humidité de sa fréquentation. L'époque est bien choisie, car voici le beau temps et la saison des bains de mer. Il sied d'avoir des amis partout.

L'on connaît combien, depuis Amphion, les hommes doivent de secours aux hotes écailleux et dévoués de l'antique Océan. Je rêve, non sans quelque vanité, que, grâce à la présentation de maître Désiré Bourgoint, Vervoort m'extraira, peut-être, d'un bain malencontreux, me ramènera, cet été, vers la baie de Douarnenez ou la côte d'Hendaye, entre le ciel d'azur et l'onde cérulée, à califourchon sur sa croupe de myosotis.

Le blacboulé des Grandes-Carrières — Vervoort qui fit la sienne d'avoir une cadette bien en chair — montre peu de philosophie devant les rigueurs du suffrage universel. Renonçant au mutisme spécifique, il confabule ou du moins invite à fabuler, en son lieu, maints huissiers de Paris. Philippe Dubois, Le Pic, Ibels et moi-même, messieurs, sans nulle vanité, ceux que divertirent ses ébats maritimes, ceux qui lui donnèrent une place dans leurs vers, leur prose ou leurs croquis, ont éprouvé le phénomène. Oui Vervoort a proféré des sons et voilà un miracle bien idoine à déprécier l'ânesse de Balaam.

Et pour comble d'horreur les [lape]reaux parlèrent!

Nous l'avions ouï, déjà, pousser maintes bulles et donner des nageoires devant l'autel de Domrémy. Jeanne d'Arc l'aguiche énormément. Entrepreneur, comme il est, de travaux féminins, il souffre de voir si longtemps inemployé ce capital historique.

Volontiers, il épouserait Jeanne et fonderait, avec son aide, une maison de rapport.

Hélas ! les gens de Clignancourt n'ont pas compris ces choses. Ils apportaient des cannes à pêche aux symposiùm tricolores du bel André. Vervoort criait : « *Vive l'armée!* » les assistants répondaient en chœur : « *Il arrive!* » tant le respect réussit mal aux pieds du Sacré-Cœur. Le joli gars fut interloqué. Il en ronchonne même encore, si j'ose m'exprimer, n'ayant pas la haine adroite et scrofuleuse de son compère de Nancy. Barrès, dont le torse pareil à un bec de gaz, l'estomac dyspeptique et la tête de châtré ne font pas un Roméo, distille intérieurement sa bile ; mais Wervoort, Greluchon irrésistible, le seul homme qui, d'après un mot connu, doive le *Jour* à sa sœur, n'a point cette fermeté d'âme, ni la suppuration intérieure, ni le fiel résorbé qui fait l'Intellectuel empereur des envieux.

Il nous traîne devant cette vieille Thémis qu'il prendrait volontiers pour sous-maîtresse. Espérons que cela réussira ! Grâce aux libéralités du Syndicat, aux galions que le Traître nous envoie hebdomadairement de son île, nous paierons volontiers les vingt sols qu'il réclame.

Les curés de Tarbes, moins discrets, sollicitaient mille francs par grouin. Or, ils étaient quatre cents, tant il est vrai que le plus marécageux des laïques l'emporte encore sur le meilleur des clercs !

Page 61 : *Et monsieur Deschanel à les servir est prompt.*

On voudrait, pour la raison comme pour la pudeur, médire ici de M. Paul Deschanel : mais la chose ne se peut. Il n'est, sur son compte, ni bien ni mal à exprimer. C'est le néant sans phrase, le vide absolu. Il préside la Chambre où nul de ses prédécesseurs n'aura incarné au même degré la médiocrité des Assemblées délibérantes. Il a tout ce qu'il faut pour complaire à Judet, éblouir Arthur Meyer et délecter la rue Saint-Dominique. Imaginez une tête de cire à la moustache grotesquement troussée, un gamin défraîchi qui muguette, caracole, bavarde et politiquaille, un dadais folâtre, nonobstant la quarantaine plus que sonnée, lequel, tout en folie, descend de sa cravate blanche pour histrionner dans les « salons ». J'eus, il y a quelque six ans, l'incomparable amusement de dîner à ses côtés. Soit que Mme Gauthereau, plus surhumaine (est-il possible?) qu'à l'accoutumée, eût, ce jour-là, multiplié sa verve, soit que, de janvier à décembre, il caracole de même, le garçon déploya tous ses moyens. Impossible d'être plus fade, plus griset et de compagnie plus boutiquière. Le pédantisme hilare du Sorbonnard avec je ne sais quoi du perruquier en belle humeur, tel se fait voir le Deschanel quand il pommade.

On le tient pour « extrêmement distingué » dans les milieux qui ne le sont point . c'est un dandie manufacturé par son tailleur.

L'écrivain, l'orateur sont de même envergure. Articlier pour revues académiques, il a médiocrement approfondi les études faciles qui lui permirent de devenir un sous-Hanotaux. Comme Prévost-Paradol (qui, du moins, avait une âme et de l'esprit), il publiera sans trêve, des Mélanges d'abord, puis de nouveaux Mélanges, dont un éditeur posthume fera, seul, paraître les derniers.

Fils d'un proscrit, M. Paul Deschanel vint au monde (en 1856, l'adolescent !) pour y tenir l'emploi de fils à son père. Ce père, brave homme, dit-on, mais le plus inepte qui soit, rabâcha toute sa vie d'effroyables sornettes. Les collégiens lisent encore son *Histoire de l'amour dans l'antiquité*, heureux d'apprendre que la sodomie n'est point un apanage exclusif de Jean Lorrain et de Pierre Loti.

Paul Deschanel fut un des cent mille jeunes gens qui, sous couleur d'études libérales, se destinent au pouvoir. Tout d'abord il exerça la verve à ras du sol qu'il tient de la nature, une faconde bête de calicot fashionable, dans ce qu'il convient de nommer l'autopédagogie gouvernementale.

« *Etre médiocre avec éclat* » : le mot des Goncourt semble la devise toute faite de cette catégorie d'ambitieux. La plupart, sortis de maisons ultra-bourgeoises, apportent dans le maniement des élégances l'air agréable de cet émigré, vu par Chateaubriand, qui s'était fait maitre à danser chez les Iroquois. M Deschanel a étudié la rhétorique parlementaire. Il ne sait même que cela, car ses lectures n'ont jamais eu la connaissance pour objet. Il n'a jamais ouvert un bouquin par curiosité, par besoin de savoir. C'est un *scholar* qui hante les bibliothèques, y cherche des citations oratoires, des textes propres à *coller* Jules Guesde ou Karl Marx. S'il avait été capable de lire autrement, s'il n'était pas le produit synthétique et représentatif du néant fomenté par les grandes Ecoles — un navet pour tout dire, et de la moins savoureuse espèce — il ne méconnaîtrait pas les origines françaises du socialisme qui, par Vauban, Quesnay, l'abbé de Saint-Pierre, Mably, Rousseau et tous les philosophes du XVIIIe siècle, sans omettre Voltaire ni Montesquieu, ni Louis XVI lui-même, qui parlait aussi bien que Marat de sa « vive sensibilité », nous arriva dans les gloses de Saint-Simon, d'Auguste Comte, de Fourrier, — de tous les rationalistes contemporains.

Ajoutez à cette culture l'âme la plus servile, une déférence nègre pour l'ordre établi, et, brochant là-dessus, l'infatuation du quidam, généralisée comme un eczéma le long de sa personne.

M. Paul Deschanel est un sot. Mais la politique, dont il est certes le plus mince infusoire, ne manque ni d'assises ni de gravité. C'est une île de corail, encombrante et dangereuse, un récif mortel aggloméré par des poux. Retirer le pouvoir du peuple aux assemblées, des assemblées aux cabinets, c'est toute leur méthode, leur machiavélisme. La parole, en ce cas, n'est plus qu'un narcotique, un stupéfiant que rêvent d'administrer à la France, par l'entremise de tels jeunes faiseurs, les vieux partis ralliés sous le drapeau des intérêts matériels. La turpitude contemporaine a, dans M. Paul Deschanel, sa plus récente et caractéristique épiphanie.

Que représente en effet ce Benjamin du Deux-Décembre, ce fils de proscrit acclamé par tous les rétrogrades, sinon les capitalistes du blé, la tyrannie agraire ? Il sera le Lycurgue d'une loi inique, la surtaxe de sept francs.

Voilà bien, d'ailleurs, la seule chance qu'il ait d'entrer jamais au Temple de Mémoire. Le mépris et la haine conservent leurs élus, tandis que le secret diplomatique, les intrigues de couloir, les ignominies judiciaires, et sa manie oratoire et son éloquence pour distributions de prix ne pourraient exonérer M. Paul Deschanel de la platitude congénitale. Mais, comme il le dirait lui-même en style prudhommesque, le parlementarisme est une arène où se viennent tour à tour exercer les gredins et les pieds-plats. Heureux qui se distingue par quelque maladresse inouïe! Heureux qui détériore la justice et met un deuil nouveau parmi les hommes. Il connaîtra le renom de Montgommery, qui, sans fiel ni traîtrise, bouhourda son adversaire, transperça d'une écharde le front aimé de son protecteur et de son roi. A moins que désenchanté par la soixantaine et les rides approfondies, M. Paul Deschanel, après dix ou douze ans, ne reprenne un métier congruant à ses aptitudes : coiffeur pour dames, par exemple, ou régisseur d'un théâtre enfantin.

Page 55 : *Ballade pour magnifier le cerveau chef.*

Le premier vers du poème ci-dessus donna lieu à un envoi de témoins à l'auteur par M. Ernest Lajeunesse et motiva la rencontre enregistrée dans les procès-verbaux suivants :

« La main droite de M. Laurent Tailhade n'étant pas

encore complètement guérie, les témoins de celui-ci ont déclaré à MM. Joseph-Renaud et Jean de Mitty que leur client désirait se battre de la main gauche.

« Après en avoir référé à leur client, MM. Joseph-Renaud et Jean de Mitty ont accepté.

« Ils ont d'ailleurs informé MM. Ph. Dubois et Le Pic que, par courtoisie, M. La Jeunesse tirerait aussi de la main gauche.

« Le combat sera dirigé par M. Joseph-Renaud.

Pour M. Laurent Tailhade :	*Pour M. E. La Jeunesse :*
PH. DUBOIS.	JOSEPH-RENAUD.
LE PIC.	JEAN DE MITTY.

De Paris, le 18 de janvier.

« Le combat eut lieu conformément aux conditions ci-dessus.

« Quatre balles ont été échangées sans résultat.

« Les docteurs Edmond Vidal et Jacomet assistaient les adversaires.

Pour M. E. La Jeunesse :	*Pour M. Laurent Tailhade :*
JOSEPH-RENAUD.	PH. DUBOIS.
JEAN DE MITTY.	LE PIC.

« A la fin du combat, d'un mouvement spontané, M. Laurent Tailhade et M. Ernest La Jeunesse se sont offert la main. »

Le Journal, 24 janvier 1899.

Page 64 : *Pour toi, Guérin frappe, Thiébaud nasille*.

Un petit homme, épais moins que bouffi, avec, dans toute son allure, quelque chose de ces grotesques en baudruche par quoi les aéronautes éprouvent l'atmosphère. Les yeux étroits, d'un noir sans flammes et sans larmes, ont l'air découpés dans les matières les plus inertes. Une face poupine d'adolescent monté en graine, la voix d'un diseur de riens et les façons d'un commis, tel d'abord apparait Georges Thiébaud. De la tête aux pieds, la vulgarité l'estampille. Ce serait le « Monsieur Quelconque » d'Herman Paul, si le néant qu'il représente ne l'avait fait à son image et, par l'accumulation des négatives, doué d'une espèce de physionomie.

Ce n'est pas, comme l'ex-député de Nancy, un avorton malsain, un fœtus arraché avant terme. Il n'a pas le dos voûté, l'eunuchisme, l'indigence pileuse de Barrès. Il n'en a pas non plus la méchanceté froide, l'élégance rastaquouère, le manège, l'impudent égoïsme, — l'ambition forcenée inhérente aux castrats. Si sa vie publique est celle d'un marchand de contre-marques.

Il semble à qui l'approche capable de sentiments humains, d'une bonté sans élévation, de modiste ou de bureaucrate. Ses gestes d'un collégien que fatigue la croissance ne manquent de rondeur ni de cordialité. Chose inconnue à l'*Ennemi des lois*, Thiébaud a de la barbe avec de belles dents.

Ce n'est pas un monstre, c'est un inachevé. Le nez petit, mollasse trop loin de la bouche, surprend par sa candeur, par son indécision. Le fashionable d'Edgard Poë eût ajouté, pour ce nez-là, un chapitre à sa *Naséaulogie*. C'est le nez badaud, élastique, insurrectionnel du gavroche parisien, le nez du mitron suiveur d'émeutes. Les cartilages en sont restés mous. Nulle volonté ne l'ossifie. Il est le trait essentiel, la marque physiognomonique d'un subalterne que nul cataclysme ne saurait affranchir.

Thiébaud, négligé dans sa mise, est vraiment l'homme à tout faire qui prend ses nippes chez la Belle Jardinière et ses idées chez le fruitier du coin.

Les hasards l'ont fait politicien. Il pourrait, avec la même gloire, exercer n'importe quelle fonction d'ordre misérable. Clerc d'avoué, pédicure, intendant de prince nègre ou, comme disait Hervé, « surveillant du gaz dans une riche famille péruvienne » — colleur d'affiches ou candidat, on ne l'imagine point hors de l'office, des potins et de la domesticité.

Ce fut proprement l'innéité ancillaire qui détermina son orientation vers le boulangisme. Il se vante à présent d'avoir créé le « Prétorien de cirque ». Mais cette gasconnade funèbre n'en saurait imposer à quiconque. Il a suivi en larbin, non précédé en éclaireur, la grande mascarade.

Napoléon III fut le César des riches propriétaires, de l'armée et du clergé ; Gambetta le dictateur des ronds-de-cuir, des marchands de vins et des officiers d'académie. Boulanger, à son tour, connut l'omnipotence. Il régna sur les camelots de l'une et l'autre rive. Georges Thiébaud, qu'entraînait son penchant naturel, suivit éperdument ce roi des Halles. Chassé par le comité boulangiste, il échappa au krack dernier, à la tragédie, au cimetière d'Ixelles, à toute cette fin de roman, si touchante qu'elle efface presque les hontes du général « Sapoire ».

Et voici où l'instinct de Thiébaud le sert miraculeusement : un flair de mercanti le poussant aux besognes sordides, il revendique pour autrui l'ergastule, son habitacle naturel. Ses articles chez Arthur Meyer — Meyer qui connut aussi l'état de chambrière et rinça les porcelaines nocturnes de Blanche d'Antigny — ses articles du *Gaulois* montrent bien les deux tendances du pâtissier révolutionnaire et du larbin soumis qui se partagent l'intellect embryonnaire de Thiébaud.

Comme tous les *minus habentes*, le candidat patriotard de Vaucluse regorge de vénération pour l'uniforme, de sentiments grandiloques et de chrétienté. A nous qui travaillons, cherchant, d'une âme infatigable à penser juste, à vouloir haut, il reproche le scepticisme, le manque de croyance et tout ce qu'il vous plaira. Or Thiébaud qui est un genre, Thiébaud pareil, en cela, comme en toute chose, à la caste invertébrée qu'il représente, Thiébaud ne croit et ne peut croire à rien. Il vénère les galonnés, sous le dolman du sabreur ou la chappe de l'évêque. Il salue et s'aplatit. Il défère aux superstitions mais ne saurait connaître ce que Michelet nomma la « foi profonde ».

Quand il incrimine le scepticisme libertaire il semble qu'on entende un visage de cire, maquillé, fardé et raccrocheur, alléguer que le sang rouge et libre colore insuffisamment la peau — que la vie est bien inférieure à l'art des perruquiers.

Page 71 : *Quatorzain d'hiver.*

M. Jean Rameau, poète, nous fit tenir à *l'Aurore* le message que voici :

Monsieur le directeur,

Ce m'est toujours une grande joie de constater que mon brave ami, Laurent Tailhade, ne m'oublie pas. Jadis, il m'écrivait des lettres inquiétantes, où il me donnait du

« cher confrère en Apollo » et me dédiait ainsi des livres:

« Au poète Jean Rameau, hommage de sympathie et d'estime artistique. »

J'aime autant, à vrai dire, qu'il m'accuse de ne pas être « joli, joli » et même de « monter en omnibus ».

M. Tailhade, si j'ai bonne mémoire, n'avait pas alors grand'chose de commun avec l'Antinoüs ; mais depuis, heureuse victime d'un beau geste, son visage s'est arrangé sans doute, et c'est ce qui lui donne le droit de nous écraser de sa plastique. Proclamons donc sa beauté de bonne grâce.

Une autre de ses amabilités consiste à me reprocher les *écus* que me vaudrait la récitation de mes épodes. Cette légende me flatte trop pour que je la détruise moi-même.

Remerciez, je vous prie, M. Tailhade de l'avoir accréditée et dites-lui que je reste

Son très reconnaissant

JEAN RAMEAU.

En présence d'une protestation si courtoise et spirituelle, nous offrîmes des excuses au poète, spontanément.

Il a parlé, le gens irritable, Rameau,
Plus notoire que Géraudel ou que Momo.
Pour m'habiller d'opprobre et me faire la nique
Il a de son esprit mû la pyrotechnique,
Et cela fait penser à Champcenetz. Or, donc
J'en tiens au flanc : car il me conteste le don,
Cher à Loti, cher à Cypris, cher à Liane,
D'être beau comme Ernest la Jeunesse ou la cane
De Montesquiou. Pourquoi mes parents m'ont-ils fait
Bancroche, nasitord, punais et contrefait
(Cela est bon pour vous induire en parricide)
Jusqu'au point que Claudicator — combien acide,
M'incrimine pour un défaut de vénusté.

En vers simples, en vers confits d'humilité,
J'éloignerai de moi cet exemple funeste.
Adonc, je me rétracte et, fuyant comme peste
Les concetti, les agudas, le calembour,
Je déclare que, de Nante à Christmas-Harbour,
Rameau tient le record des beautés familières.

S'il boite, c'est à la façon de La Vallière :
Et le dernier morceau, gloire d'un tel cerveau,
Son billet est si beau que l'on dirait du veau.

Page 75 : *Candidats à l'immortalité.*

« Les poètes, disait Rivarol, sont pour la plupart comme les rossignols : ils ont reçu leur cerveau en gosier. »

Ceux d'aujourd'hui, les poètes qui débitent le macaroni des rimes riches ou le fromage mou du vers libre ; les sexagénaires du Parnasse et les petits vieux du décadisme, n'ayant plus ni cerveau ni gosier, semblent avoir substitué à ces organes un moignon qui les remplace : de même le proboscide éléphantin joue, en même temps, la bouche et les dix doigts. C'est le goût de la réclame ; c'est la trompe de la renommée, une trompe qui jamais n'éprouva de salpyngite et où bavent sans relâche les plus éhontés nigauds.

Un mercanti de littérature industrielle, négociant en contremarques, et gargotier en chef d'une revue sans nom, M. Léon Deschamps (si j'ose m'exprimer ainsi) Deschamps le vrai, le seul, le Géraudel ; celui qui, sous couleur de banquets esthétiques, vendait, naguère, pour dix francs, aux gens de lettres, un dîner de trente sols, partageant la plus-value avec un cafetier du boulevard Michel ; Deschamps qui vécut — telle une ptomaïne — du cercueil de Baudelaire, s'ingénia, voici quelques années, d'une invention merveilleuse.

Paul Verlaine traînait encore, dans les estaminets de la rive gauche, sa gloire, ses douleurs et sa déréliction. Touché par le démon de l'ivrognerie, le pauvre Choulette agonisait. Déjà, les acarus du poème et les sarcoptes de la chronique choisissaient leur morceau du cadavre futur, préludant à cette curée de vermines où le comte Robert de Montesquiou embrassa Bibi-la-Purée.

Deschamps alors imagina de faire consacrer la gloire de Paul Verlaine par les chansonniers qui batifolaient nuitamment au Soleil d'Or.

Joseph Canquetau sacra « *Lélian* » prince des Poètes sur l'air du *Père la Victoire*. Buffalo voua au maître quelques hymnes délicieux orchestrés à la manière de Polin.

Ovations plutôt modestes. Les lampes Popp du caboulot seules éclairèrent ce triomphe : les pipes grésillantes servirent d'encensoir au nouveau Pétrarque. Cazals même fut l'unique Cimabuë qui, pour les âges à venir, consigna l'apothéose.

Verlaine mort, l'invention fit tache d'huile. Deschamps avec sa *Plume* interrogea les volailles dont elle était sortie. Moréas, le marchand de kakaouëts, perruche de Ronsard et sansonnet de Malherbe, offrit sa pacotille aux peuples ébaubis, héritier, avec son ami Maurras, de la gloire Vendômoise, l'un en ayant pris les vocables, l'autre la surdité.

Ces Bornibus de la chose rimée imposèrent à l'auteur d'*Hérodiade* un pavois métaphorique dont ils pensaient bien, quelque jour, faire leur chaise percée. Maurras entend par le nez ; Moréas ne rime que sur cahiers de bonnes expressions ; mais ils ont pour eux Barrès, Barrès de la tribu des édentés, Barrès qui, n'ayant ni la barbe ni les dons qu'elle implique, aime servir de duègne aux plus notoires fausses-couches.

Si hâtif, le deuil de Mallarmé revêt de crêpe nos mémoires et nos cœurs : les histrions de cimetière reprennent déjà sur son tombeau leurs pantalonnades sacrilèges. On interviewe quiconque tient une plume, un crayon, pour connaître son avis touchant les mérites comparés des gentilshommes à hémistiches. Les jeunes poètes de quarante ans éprouvent de rechef les sensations du premier rendez-vous. Leurs cœurs palpitent comme une tourterelle malade à l'imagination de se voir élus.

Pensée inégalable de Deschamps! Nous avions déjà la première encre, le plus éminent charcutier, les meilleurs journalistes et la plus sévère proxénète de Paris. *Vexilla regis prodeunt!* voici venir aussi le Prince des poètes, garanti sur facture par une demi-douzaine de banquistes, par un escadron inégalable d'idiots!

Page 76 : *Et ceux dont les neurasthéniques mucilages*
Pour monsieur de Vogüé sont emplis d'agrément.

C'est vraiment un joli garçon — patron de modes néo-chrétiennes, de bafouillage salonnier, que Melchior de

Vogüé, académicien départemental, journaliste à la guimauve et commis voyageur pour Tolstoï, dans les milieux distingués. Hobereau, parti de son Ardèche à la conquête des intelligences, il a couru le vaste monde. Les paysages, les mœurs, les cités et les plaines, les golfes et les cimes ont défilé à ses yeux. Il a promené, du couchant au ponant, sa cervelle d'oiseau, ses doctrines de collège, ses élégances de coiffeur, sans que tant de milieux divers, de spectacles inouïs aient conféré à son écriture le moindre vestige de couleur ou de passion.

Une tête embryonnaire, un fœtus de dandie échoué dans le figarisme, la littérature slave et autres balivernes ; un de ces confesseurs laïques préposés à la direction des vieilles dames qui, « pour se consoler de leurs flueurs blanches, font de la musique religieuse », tel apparait le sieur Vogüé. Il se targue d'avoir initié la France aux beautés de l'alliance russe : nul, en effet, n'a plus tartiné, plus bêtifié que lui sur Gogol et sur Pouskine, sur Pisemski et Goncharoff. C'est la mouche du traîneau, le hanneton de la Néva, le dwornik de Dostoiewsky.

L'Académie a consacré tant d'élégance. Pour jouer Renan dans les châteaux de province, Melchior affecte des airs penchés, une grâce élégiaque de blonde romantique. Dans le monde spécial, où son confrère Loti recrute des frèryves, on ne manquerait pas de lui infliger des surnoms tels que *La Fleur fauchée* ou *la Môme cold-cream.*

Un personnage de cette onction ne peut manquer d'offrir quelques dragées aux caporaux qui nous gouvernent. Hier, il sucrait, dans le *Figaro*, une tartine vermineuse à la louange des armées. Incroyable effet du pantalon rouge sur les vieilles lymphatiques ; Vogüé peuple deux colonnes et demie avec tant d'aisance qu'il continuerait jusqu'au lendemain si les nécessités du tirage n'enrayaient sa faconde.

Il a une parole émue, un verbe enthousiaste, un « continuez » pour chaque nègre de l'État-Major. Les officiers, dit-il, sont « astreints à des travaux savants ». Il entend par là, sans doute, les patenôtres de Boisdeffre, les revues d'astiquage, les tables tournantes du Paty de Clam, les mensonges de Pellieux et l'espionnage teuton d'Estherazy.

« La règle de ces moines » qu'il admire, avec « le public de Coppée », autre bonnet à poil flanqué de palmes vertes, l'attendrit jusqu'aux rognons. De fait, cette règle qui comprend la vie de café, l'alcoolisme, le baccarat, le lieu d'honneur pour les roturiers, la sottise et les intrigues mondaines pour les vicomtes de Saint-Cyr, imprime un caractère indélébile à quiconque l'exerça pendant un lustre ou deux. C'est à vrai dire une *ascèse* merveilleuse d'ignorance et de brutalité.

Vogüé en proclame les résultats :

« Par cela seul (l'Armée) nous avons chance de vivre, de continuer nous et nos enfants, se dit le peuple. »

Le peuple a bien raison, instruit, comme il fut et par les conseils de guerre où l'on canarde ses enfants, lorsque, entre deux vins, ils protestent contre la tyrannie du dernier sous-off, et par Fourmies, et par les insurgés de Milan que canardaient, hier encore, les miliciens d'Humberto, cependant que le souverain festoyait avec placidité devant son peuple expirant de famine.

Ces jolies choses plaisent aux belles mondaines, aux casernes et aux séminaires. M. de Vogüé ne l'ignore pas. Etre un sot n'empêche pas qu'on soit un aigrefin. De là ce dithyrambe académique, cette courbette servile du langoureux Melchior, qui connaît à quel point sont utiles, honorifiques et rémunératoires la reptation devant le sabre, l'aplatissement devant les galonnés.

Aux premiers jours de mai, Rome célébrait jadis — avant l'infection chrétienne — une *Vigile de Vénus*. Ainsi, Melchior de Vogüé solennise à sa manière, par surcroît de bassesse, la Vigile du procès Zola.

Page 113 : « *Vive l'armée!* » *exclama Déroulède.*

Si l'ingénuité se mesure à l'aune, M. Paul Déroulède représentant des trois couleurs et de la ville d'Angoulême — est digne qu'on l'immatricule parmi les plus grands bêtas du dix-neuvième siècle. Long comme un jour sans pain, maigre comme un aztèque, avec ses yeux ronds, ses yeux de pruneau cuit, sa bouche déhiscente, l'auteur de l'*Hetmann* porte sur son visage l'expression hébétée d'une candeur que cinquante ans n'ont pu réduire. Il bée naturellement, comme la grenouille au jeu de tonneau. Il gobe les mouches de toute sa lèvre inférieure que surplombe un nez extravagant. Ce nez lamentable, pharamineux et truculent contraste avec le chef exigu, la tête d'oiseau sans cervelle — dindon ou canari. Des ailes noires pendent au corps, achèvent la ressemblance. L'on ne saurait imaginer Déroulède sans sa redingue plus que Charles XII sans ses bottes.

Ce n'est pas un méchant homme. S'il éructe des métaphores sanguinaires, des tropes aussi guerriers que mal bâtis, la faute en est aux dieux qui le firent si bête. Il brait, comme un roussin, des âneries anthropophages parce que nulle autre virtuosité n'est dans son registre. Le patriotisme est un refuge suprême où les ratés, les grimauds, sans cœur, esprit ni orthographe peuvent suspendre, comme une guirlande, leur imbécillité.

Déroulède ne crie pas : « Vive l'armée ! » comme Barrès pour fréquenter chez des personnes titrées, ni, comme Judet, pour suborner les cuisinières, ni, comme Drumont, pour crocheter les serrures. L'éléphant barit, le baudet renacle ; ainsi Déroulède vocifère, tendant le poing du côté des Vosges.

C'est un « mirliton d'alarme », ainsi qu'on l'avait surnommé, un orgue de Barbarie qui moud naturellement tous les poncifs, toutes les sottises du chauvinisme le plus abject.

Bourgeois cossu, paisible et de mœurs douillettes, il aime les soldats. Il rythme la mesure à l'escadron en marche. C'est une bonne d'enfant — une sorte de Germinie Lacerteux, bafouilleuse et militaire. Il s'attendrit sur l'uniforme. « Tambours, clairons, musique en tête », il suit le régiment et dégaine avec héroïsme un sabre de bois. Coppée, lui, adore les officiers, les panaches, les bourreaux galonnés qu'il sait capables d'égorger, un beau matin, quiconque pense avec hauteur.

Les sympathies de Déroulède vont de préférence aux troubades, aux pousse-cailloux, aux culs terreux de la Grande Muette, qu'il endimanche de solécismes éperdus : car on ne saurait trop le répéter, c'est le plus bénin des hommes.

Ses vers à qui Thérésa prêtait une âme tragique au point de faire illusion sur leur néant, ses vers dépassent l'imaginable. Les *Intimités*, en comparaison, semblent une œuvre d'art.

Et gloire à ceux que rien n'épouvante,
Qui, tombés vainqueurs, sont morts, réjouis,
Leur perte qu'on pleure est un deuil qu'on chante,
O grands cœurs, ils sont l'âme d'un pays.

En vérité, le capitaine Lucien Imbard lui-même ne saurait faire mieux !

Et certes, il est juste que M. Déroulède figure à la Chambre, seul lieu adéquat à sa mentalité. Avec le talent qu'il possède et l'esprit qu'on lui voit, il peut bien légiférer, mais non rimer des poèmes pour le chocolat Menier ou les savons du Congo.

Page 114 : *Humbert écumant, furieux, épileptique.*

Ce n'est point certes une savate ordinaire que M. Alphonse Humbert, ex-président du Conseil municipal, député majoritard et larbin chez Sabathier la Buse, ainsi qu'Ajalbert surnomma le grand Chef de l'*Eclair*. Ancien membre de la Commune, condamné à mort par les cannibales de Versailles, puis expédié vers Nouméa, le boulet aux pieds, il est de ces martyrs que Proudhon jugeait presque aussi odieux que les tyrans.

Les jours passés à La Nouvelle firent éclore son génie, le rendirent au monde civilisé prêt à n'importe quelle besogne pour conquérir l'assiette au beurre. Tel Mahomet après l'Hégire. Les caractéristiques de M. Humbert manquent de complexité ; nul n'est plus simple que lui, plus naïf dans ses manifestations. L'ingénuité de ce sexagénaire tient le milieu entre la phanérogamie des grands singes et le retroussis violent des diarrhétiques. Etats d'âme peu variés, il est atteint par la folie des grandeurs. il a toujours besoin de cinquante centimes.

Ces deux formes de cérébralité parvinrent à leur maximum de gloire pendant la visite de l'amiral Avellan, premier numéro du cabotinage franco-russe. En qualité de prévôt des bourgeois, Humbert promena le Moscove dans les carrosses officiels, à travers « la capitale » et le « tapa » de quelques francs sous la custode. Humbert excelle dans le geste d'emprunter un petit écu. Malgré l'appellation glorieuse de père Pot-de-vin dont le blasonnèrent ses ronds-de-cuir, la nécessité chronique de palper quelque billon lui est un empêchement rédhibitoire à fomenter les plus juteuses affaires.

Il n'est bas employé à l'hôtel de ville, concierge, balayeur, dont il ne soutire la monnaie, sous couleur de prendre un fiacre ou d'acquérir un melon. Encore qu'il soit plutôt d'une malpropreté nauséabonde ; encore qu'il ne porte point le maquillage de ma tante Loti, un même goût théâtral induit le vieux communard et l'académicien d'urinoir à thuribuler devant les puissances militaires. Son voyage à Toulon, pour flagorner l'escadre russe, pour intenter le lèchement de pieds qui fit baver les âmes tricolores, comptera dans les fastes de la pitrerie nationale et de la servilité française. Humbert qui, pareil à Bilboquet, connaît toutes les banques, hormis la Banque de France, ne manqua pas, sitôt débarqué dans Toulon,

Ville que l'infamie et la gloire ensemencent
Où, du forçat pensif, le fer tond les cheveux,

d'aller rendre visite au serrurier qui, avant son départ pour le bagne, l'avait ferré, de ces bienheureuses chaînes qu'au retour il exhiba, pendant plus de dix ans, à travers les réunions publiques. Ce fut beau comme le *De Viris*, la *Morale en actions* et les *Vies* de Plutarque.

La chose pourrait fournir un sujet au concours de peinture pour les candidats chez qui respirent encore les saines traditions. Cela ferait suite au combat des Horaces, à Brutus immolant ses fils, à Ximénès recevant la pourpre dans l'ergastule d'un couvent.

Entré à la Chambre, Humbert s'est abondamment placé du côté du manche. Ses votes furent toujours empreints de la domesticité la plus irréductible. A présent, il injurie, sept fois par semaine, les honnêtes personnes que dégoûtent encore le prêtre ou le soldat. Il aboie aux Juifs d'après la recette drumontale et tire sur les indépendants ses vieilles flèches canaques rapportées de Nouméa.

Page 114 : *Marie Anne de Keroubim.*

Keroubim = Bovet *alias* petit bœuf, comme chacun sait.

Page 121 : *Les pasteurs de la contrée venus en foule.*

Le soleil froid, dans un ciel bleu de lin, aux horizons de perle, flambe sans chaleur comme une inerte pierrerie.

Une buée couleur d'ardoise, où meurent, çà et là, des roses défaillantes, confond les avenues sous ses troubles réseaux. Le sol, d'un jaune impénétrable — silex et terre cuite — résonne sous les pas, ainsi qu'une dalle funèbre. Tout en haut, les étoiles rêches de décembre fulgurent peu à peu, tandis que, vers l'Orient, s'affirme une lune blême, aiguë et pâle comme un couteau d'acier.

La rue a mis sa bêtise des jours carillonnés, les passants, leur hideur du dimanche. C'est un vomissement des arrière-boutiques, une mise au jour de tous les batraciens que cachent, en semaine, les bureaux. Les voyous nationalistes et antisémites font trêve aux clameurs assassines pour offrir aux chalands des jouets scatologiques ou du poil à gratter. Urbanité française ! Les échoppes des camelots encombrent la chaussée de mille inventions abjectes, depuis les cartes pornographiques jusqu'aux Bons Dieux en chromo. Et ce sont des toupies bombinantes, des flageolets aux sons aigus, des musiques térébrant le cerveau.

Les cathédrales font au boulevard une déloyale concurrence. Messieurs les archiprêtres organisent, dans leurs édifices réciproques, de funestes beuglants, annoncent Mme de Trédern pour les pince-chose et la messe de minuit. Car le monde civilisé se conjouit présentement. Voici le jour natal, voici l'heure solennelle du « Rédempteur » à qui nous devons la Saint-Barthélemy, l'Inquisition, les Dragonnades et le R. P. Dulac. Chacun célèbre à sa manière le « gluant » de Bethléem : les ânes patriotes et les bœufs cléricaux et le Joseph de la villa Dupont. L'adoration des mages s'effectue comme par le passé. Le roi nègre Cassagnac offre l'encens — *thus et myrrham* — de sa copie ; Melchior Drumont, l'or chapardé aux juifs de la rue Bab-Azoun, tandis qu'Arthur Meyer, descendu de chameau, fait agréer l'oliban de ses hautes manières. Les personnes enclines à la mysticité s'indigèrent de sacrements à l'heure où d'autres bedeaux tortorent de la charcuterie à s'en faire crever. Le boudin, cette nuit, devient eucharistique ; le pain des anges assume un petit goût d'oignon ; les pochards, attendris par un mélange de vinasse et de chrétienté, barytonnent des Noëls en contre-point de leurs indigestions :

De notre foi que la lumière ardente
Nous mène tous au berceau de l'enfant.

Il n'est pas jusques aux vieilles dames dont quelque espoir ne passemente les souliers avachis. Ma tante Viaud se délecte pour un songe qui redresse en fuseaux ses rotules cagneuses. Jean Lorrain imagine qu'il centralise enfin, dans sa belle patrie, l'amour unisexuel et que, sous une chape d'améthyste et d'or, il devient pape des *Urniens*.

Mais les triomphateurs de cette nuit charmante sont Messieurs les épiciers, prestidigitateurs de la mélasse, illusionnistes du saindoux. Les abricots au navet, les pralines d'arachide et les marrons glacés au sucre diabétique battent leur plein au sein du réveillon. *Noël à tous et Merry Christmas !* Le gui pend aux solives des bistros : mais la poix qu'on en sort agglutine les puddings. Ma concierge offre aux enfants de l'emballeur un escarpin en sucre avec Jésus dedans.

Sur les ottomanes des gargotes, la Vénus vulgivague prépare au pharmacien des matinées heureuses. Car c'est un fait de notoriété : le réveillon conduit ses officiants chez l'apothicaire, demain, pour l'Hunyadi-Janos et, dans huit jours, pour le proto-iodure. Les journaux à images fourmillent d'histoires dévotes, accommodées en « Christmascards ». C'est une crise aiguë de romances — genre éminemment national — et de laideur et d'imbécillité.

Qu'il fera bon, ce soir, dans la chambre fermée, au coin du feu qui s'alanguit. Quelle joie de tirer les verrous et d'éteindre la lampe avant l'heure où marguillers et poivrots, sur l'arène convomie, renouvelleront aux yeux froids de constellations, le tourment de Saint-Godepin qui fut, ainsi que chacun sait, « martyrisé de pommes cuites ».

24 décembre 1897.

TABLE

TABLE

SPES · IN · LABORE
DARANTIERE

À LA MÊME LIBRAIRIE

Il a déjà paru dans cette collection [illegible]

Henri Beauclair. *Le Pantalon de Madame Desnou* . . . . 2 fr.

Léon Hennique. *Pœuf* . . . . .

Henri Beauclair. *Ohé! l'artiste* . . .

Paul Adam. *La Glèbe* . . . . .

J.-K. Huysmans. *Un dilemme* . . . .

Henri Beauclair. *La ferme à Goron* . .

J.-K. Huysmans. *À vau l'eau* . . . .

Jean Ajalbert. *Notes sur Berlin* . . .

Jules Tellier. *Dimanches et fêtes*, poésies . . . .

Dijon. — Imprimerie Darantière.

www.ingramcontent.com/pod-product-compliance
Ingram Content Group UK Ltd.
Pitfield, Milton Keynes, MK11 3LW, UK
UKHW022101260726
13993UKWH00001B/257